千古人物

崔 旭 ◎ 编著

范仲淹传

中国书籍出版社
China Book Press

前 言

北宋一代名臣范仲淹,一生为官清正,廉洁奉公,出将入相,忧国忧民。他的崇高人格成为天下楷模,深受后人景仰和颂扬,他的先忧后乐思想更是广为传诵,成为中华文化的宝贵精神遗产。

范仲淹生在徐州,两岁丧父,母贫无所依,改嫁长山朱氏。他21岁时寄居在长白山醴泉寺(今山东邹平境内)刻苦读书,23岁时感愤自立,佩琴剑径趋南都(今河南商丘),划粥断齑,勤奋不已,五年乃"大通六经之旨,为文章论说,必本于仁义孝悌忠信"。宋真宗祥符八年,范仲淹登进士第,从此即奉母侍养,完成了他人生的第一个理想,也开始了他赤心报国的仕宦生涯。

在范仲淹的仕宦生涯中,影响最大的两件事,一是御边,二是新政。仁宗康定年间,西夏战事复燃,范仲淹临危受命,经略西北,在战略上他主张采取守势,"严边城,使之久可守;实关内,使无虚可乘",采取修固边城、精练士卒、招抚属羌、孤立西夏的办法,积极整顿军备,坚持以守为攻,争取最后的胜利。当时,范仲淹的御夏方针,为许多朝臣和将帅所不理解,一时被讥为怯懦。仁宗急于求成,采用了主动出击的建议,结果在好水川和定川寨两次战役中损兵折将。痛定思痛,仁宗才决定改而采取范仲淹的守策。在范仲淹和韩琦的主持下,边防日益坚固,西夏再也不敢小觑宋军,当时民谣曰:"军中有一韩,西贼闻之心骨寒;军中有一范,西贼闻之惊破胆。"

当战事稍停,颇想有所建树的仁宗皇帝又紧急调任范仲淹和韩琦为枢密副使,不久又擢升范仲淹为参知政事,实施政治改革。范仲淹应诏上《答手诏条陈十事》，提出了明黜陟、择官长、厚农桑、修武备等十项改革措施，拉开了"庆历新政"的序幕。这些改革措施给内外交困的宋王朝带来转机，但也触动了许多官员的既得利益，改革受到了多方面的攻击，加上仁宗的有始无终，守旧势力的顽固阻挠，"庆历新政"遗憾地以失败告终。

范仲淹一生几起几落，个人际遇虽然坎坷，但他忧国忧民的精神是一贯的，修身自律的信念是坚定不移的。正因为他有坚定的信念作支撑，所以在早年的困厄中，他箪食瓢饮，以苦为乐，保持"孔颜气象"。自立以后，他复姓归宗，奉养老母，承担自己在家庭中的责任，践行"齐家然后治国"的训条。他结交的孙复、石介、胡瑗等人，都是当时的大儒，他们兴办学校，讲贯经籍，教育人才，不忘儒家的道统，成为宋代新儒学兴起的一个重要契机。

宋朝出了很多大儒，如张载、二程、周敦颐、朱熹，比他们更早的便是范仲淹。宋朝不是一个开疆拓土的时代，而是一个耕耘精神世界、探索理想人格的时代，从这时开始，中华民族的自我认同越来越清晰了。

有一种财富叫精神，有一种高贵叫文明。一个国家的强盛，离不开精神的支撑；一个民族的进步，有赖于文明的成长。回溯五千年文明史，我们会发现范仲淹的忧乐精神不仅具有重要的学术价值，更具有它的现实意义。在实现中华民族伟大复兴"中国梦"的今天，范仲淹的人格精神也是我们文化自信的一部分，应该传承下去。

目 录 | Contents

壹 发愤苦学 /1

　童年 /3
　初见姜遵 /7
　游学关中 /9
　划粥断斋 /11
　窖金捐寺 /14
　决意自立 /17
　睢阳书院 /19

贰 登进士第 /23

　登进士第 /25
　自立门户 /27
　复姓归宗 /29

叁 初入仕途 /33

　河朔吟 /35
　一封自荐信 /39
　范公堤 /42

为母守孝 /45
执教兴学 /47
药石之言 /50
冒哀上书 /53
三荐王洙 /56

肆 倔强的谏官 /59

秘阁校理 /61
为民请命 /64
七品右司谏 /66
废后闹剧 /69
朋党之争 /73
三出专城 /77
移知润州 /80

伍 将军白发征夫泪 /83

元昊称帝 /85
三川口之战 /88
攻守之争 /94
好水川惨败 /98
定川寨之战 /101
军中有一范，敌人心胆寒 /104
狄青的遭遇 /106

陆 庆历风云 /111

宋夏议和 /113
中枢调整 /116
条陈十事 /119
先拿官制开刀 /122
政敌的反攻 /126
石介帮倒忙 /130
再度守边 /133
庆历新政与王安石变法 /139

柒 烈士暮年 /143

庆历"朋党"，惺惺相惜 /145
自请解职，退居邓州 /149
光耀千古《岳阳楼记》 /153

移知杭州 /156

徙知青州，发挥余热 /161

推崇气节，手书《伯夷颂》/166

终老徐州 /169

一生节俭，严于治家 /172

设立义庄，惠及后人 /175

诗文革新的先驱 /181

附 录 /184

范仲淹年谱 /184

发愤苦学

童　年

北宋太宗端拱二年（989年），一个男婴降生在成德军（治所在今河北正定）节度掌书记的官舍。这名男婴是家中的第五个孩子，他的出生并没有给家中带来太大惊喜。可谁能想到，他将来会成为文武兼备、光耀后世的一代名臣呢？他就是本书的传主范仲淹。

范氏本是北方大族，世居邠州（今陕西彬县）。在唐朝时，范仲淹的先祖范履冰曾任宰相。唐末动乱，范家渡江南迁，定居苏州，几代人都在吴越国朝中做官。仲淹的父亲名叫范墉，博学能文，为官耿直，随吴越国王钱俶归宋后，先后任成德军、武信军、武宁军节度掌书记，是一个管理文书信札之类的官员。

仲淹母子随范墉居住，日子虽不富裕，倒也安康。哪知天有不测风云，在仲淹两岁那年，父亲突然一病不起，不久便去世了。范墉是个基层官员，家中并无太多积蓄，导致仲淹母子贫而无依，度日艰难。仲淹四岁那年，时任苏州推官的朱文翰新丧妻室，经人介绍续娶了范母谢氏，仲淹遂改朱姓，名说（读"悦"）。

那么疑问来了：范墉不管怎么说也是国家官员，应当薄有家产，何至于妻室改嫁呢？有学者考证，谢氏是范墉的侧室，也就是妾，丈夫死后，她受到正室陈氏及其子女的排挤，等于是被逐出了范家。

仲淹的继父朱文翰，字苑文，淄州长山县（今山东邹平长山镇）人，端拱二年进士，也是一个清廉耿直的人，一生没做过多大的官，和仲淹的生父范墉相当，而且还被调来调去，没有安生过。仲淹母子作为眷属，自然是一路跟随，过着颠沛流离的生活。

据说，仲淹曾随继父在池州（今安徽池州市贵池区）的青阳长山读书数年。后人为纪念范仲淹，便将此山改名为"读山"。

仲淹九岁那年，继父调任安乡，仲淹母子又随朱文翰西去上任，路过岳州时，他们游览了气势恢弘的岳阳楼，然后乘船穿过八百里洞庭湖到达西岸的安乡县。

安乡，宋时归属澧州，虽为小郡，却三面皆湖，山清水秀。在县治鹤港之北，有一座道观名叫兴国观，依山傍水，环境清幽，是一个读书的好地方。朱文翰便安置仲淹在这里读书。今天此地还保留有范仲淹读书遗迹，名为"书台夜雨"，是"安乡八景"之一。

后来，朱文翰回到家乡长山，范仲淹又随之北上，在长山醴泉寺苦读。

坎坷的身世，贫困的童年，颠沛流离的少年，使范仲淹饱尝了人世间的辛酸，感受了社会底层民众的苦难。同时由于他出身官宦家庭，虽幼年丧父，但毕竟还是受到了良好的教育，以当时教育的普及程度来说，也算是幸运者了。

咸平三年（1000年）早春，阴雨绵绵，乍暖还寒。整个长山县城笼罩在一片恐慌之中，县城内外四处流传着辽兵进犯的消息。使得长山百姓整日提心吊胆，惶惶不可终日。

北宋初年正是辽国兵强马壮的鼎盛时期，没有幽云十六州作屏障，宋朝根本无险可守，这一直是宋朝的一块心病。太宗赵光义曾多次发大军北上，甚至攻到幽州城下，可惜次次兵败，高梁河之战后再也无力北伐。而辽国经常倚仗强大的骑兵南下骚扰，令边民苦不堪言。

辽国对大宋觊觎已久，999年六七月间就已屯重兵于河北边境，当时宋廷也调集了重兵在河北设防。九月的时候，宋军与辽兵已在保州交战，宋军主将临阵惧战，为求自保，手握重兵而不迎战，致使宋军损兵折将，损失惨重。敌军因此得以长驱直入，烧杀掳掠，不到半月便远袭至邢州、焰州一带。1000年正月，敌军又侵犯到瀛洲，突破高阳关，然后从德州、棣州渡过冰封的黄河，进犯淄州……现在敌军离长山已经不远了。

范仲淹到了学宫以后，听到不少同学也在七嘴八舌地谈论辽兵进犯的事，甚至连先生都露出惊恐不安的神情。放学回家的路上，他看到街上的人行色匆匆，人人脸色凝重，心事重重。街头巷尾四处传播着大宋军队不堪一击、溃不成军，凶残的辽兵四处烧杀掳掠的传言。

整个长山县城笼罩在一片人人自危的极度恐慌之中，仿佛辽兵已经杀进城来。

范仲淹虽然没见过辽兵，但从人们的描述中，他分明感受到了辽兵的凶残可怕，他心里也开始充满恐慌，心怦怦直跳。

刚回到家，母亲就对他说："赶快收拾东西，准备出去避难。"

范仲淹问母亲："去哪儿避难？"

母亲一边收拾东西一边说："辽兵马上就要杀进长山县城来了，我们跟族里的人到山里去避难。"

"爹也一起去吗？"

"爹还不能走。他是长山的父母官，还要组织民众抵抗辽兵。"

第二天清晨，谢氏匆忙收拾了些衣物行李，带着范仲淹和朱文翰另外的儿子跟随朱氏族人一起向长山城外西南方向的山区逃去。

逃难的人群拖儿带女，扶老携幼。浩浩荡荡地向城外逃去。一些官宦人家和大户人家还将财物装满马车、牛车，仆人们搀扶着各自的主人，成群结队地逃命。一时间，路上烟尘滚滚，熙熙攘攘。小孩子的哭闹声，牛马的嘶叫声，人们对辽兵的咒骂以及对宋军的抱怨声混杂在一起，弥漫在城内外的空气中，令人压抑、窒息。

逃难的人们刚走不到两个时辰，辽兵就杀到长山县城来了。朱文翰组织的由三百多名英勇青壮年民众组成的"护城队"虽然在城墙上顽强地抵抗辽兵，但由于缺乏正规的训练，加上不懂战术，最终寡不敌众，死伤惨重。

辽兵一阵烧杀掳掠之后，带着战利品扬长而去。

几天后，范仲淹跟着逃难的族人回到长山，只见遍地狼藉，满目疮痍。还好，他的父亲朱文翰还活着。

朱文翰组织民众抗辽虽然惨败，但他毕竟尽力了。可作为父母官，他内心悲怆而惭愧，感到对不起长山的父老乡亲。

外敌入侵的恐惧在范仲淹心中留着深深的阴影。他发誓将来要考取功名，报效朝廷，保家卫国。

初见姜遵

范仲淹年少时就胸怀大志，有兼济天下之心。宋人吴曾在《能改斋漫录》中记载了他求学时代的一件轶事：

一天，范仲淹到庙里求神问卦。他抽了一支签，祷告说："我将来能做宰相吗？"神灵显示不能。他又祷告说："那我能做个良医吗？"结果还是不能。范仲淹叹口气说："两样都不能，我将来如何实现平生之志呢！"

别人对此都感到很奇怪，就问他："男子汉大丈夫，立志想做宰相，可以理解；可是，你怎么又想做个医生呢？志向是不是小了点儿？"

范仲淹叹口气说："我在乎的哪里是这个！我立志向学，当然希望将来得遇明主，报效国家。能为天下百姓谋福利的，莫过于做宰相；既然做不了宰相，能以自己所学惠及百姓的，莫过于做医生。倘能做个好医生，上可以疗治君王和父母的疾病，下可以救治天下苍生，中可以教人养生延年。身处底层而能救人利物、为老百姓解除疾苦的，还有比当医生更好的职业吗？"

从此，中国历史上便有了两句励志名言："不为良相，便为良医"。

咸平三年（1000年），一位长山县籍的儒生一举考中进士，在长山县引起了不小的轰动。长山学宫的教师也以此鼓励学子立志成才。进士及第者谁？姜遵，字从式，淄州长山县人。中进士后，初为蓬莱尉，又召为登州司理参军，继而为开封府右军巡判官。刚到一任，遇到一重大疑案，案犯将判为死罪，姜遵看出破绽，辨别情伪，明断冤屈而释放。因此，升为太常博士，又被王曾荐为监察御史，殿中侍御史，开封府判官。姜遵丁母忧回乡，信息传到长山城。范仲淹认为，这是难得的学习机会，可以从姜遵处了解当今天下大事、朝廷君臣内情以及如何做官为民等，于是便邀集几位同窗学友专程去拜访姜遵。

姜遵为人刚正严肃，无论对谁，从不委曲殷勤，给人以无名的敬畏感。范仲淹等人以礼拜见姜大人以后，迅即消除拘束心态，向姜大人询问请教，继而相互问答。其中讨论到於陵陈仲子为什么既不就齐国大夫之职、也不受楚相之聘，而甘愿擘纑织履、为人灌园的问题，大家各抒己见，议论风生。范仲淹关于"春秋无义战""春秋无贤臣"的一番言论，不仅令姜遵刮目相看，而且觉得后生可畏了。

范仲淹与学友们欲辞别姜大人时，姜遵却把范仲淹单独留下，吩咐家人置办酒饭招待。饮宴之间，促膝深谈，甚为默契。姜遵对这位未出茅庐却志存高远的少年，敬重之情油然而生。范仲淹告别以后，姜遵激动地对家人说："这位朱学究年纪虽小，却是难得的奇才。我看他将来不但要成为位极人臣的显官，还必定留盛名于世，传之久远。"

姜遵宛如伯乐，真是慧眼识才，预见确然。姜遵在仁宗朝，迁右谏议大夫，拜枢密副使，升给事中，卒后赠吏部侍郎。范仲淹任秘阁校理时，姜遵为枢密副使，两人同在京都做官，相交甚厚。

游学关中

大中祥符元年（1008），范仲淹二十岁，随着学业的进步，他想把游学的范围再扩大一些，交识的人再广一些，于是决定前往关中。

范仲淹此次之所以选择游学关中，是因为关中的历史文化底蕴深厚。周、秦、汉、隋、唐均在关中建都，关中是帝王将相、英雄豪杰、古圣先贤辈出的风水宝地，是他日夜向往的地方。

此番西去关中，他不仅要去寻访历代国都遗留下来的古迹，更要追根溯源，去探究这些朝代兴衰背后的秘密。倘若有朝一日他能入朝为官，辅佐帝王，他此时游历见识势必会助他一臂之力，让他能更好地为国效力，为君分忧，为民谋福。

征得二老同意之后，他带上琴、剑和少许衣物，踏上了漫漫西征之路。琴和剑一向是范仲淹外出随身必带之物。他每日闻鸡起舞，凌晨练一通剑术，无论春夏秋冬，从不间断。而为了陶冶性情，他又酷爱弹琴，曾向徙居淄川的音乐家崔遵度[①]学过琴艺。对周朝尹伯奇创作的古琴曲《履霜操》情有独钟，平时只弹此曲，时人称他"范履霜"。

[①] 崔遵度（954—1020），北宋官员、古琴家。崔遵度是"西昆体"诗派的主要作者之一，其诗作词藻华丽，声律谐和，对仗工稳，在艺术上超过了晚唐五代的诗歌。崔遵度的音乐著作也在古代音乐史上占有重要位置，其代表作是《琴笺》。该著作对乐器、乐理、乐情都进行了精当的表述。尤其是对于乐谱十三徽在古琴上的演奏技法、合弦调配、心灵感应等方面的表述具有独特的见地。

范仲淹一路上寻古觅幽，访民问俗，寻佛问道，访师交友，既开阔了眼界，增长了见识，又愉悦了心情。

范仲淹此次出门游学的经历，不但让他拓宽了视野，增长了见识，结交了众多良师益友，进一步领悟到了儒释道三家的精华，而且还目睹了百姓的疾苦，感受到了因为官员的腐败和不作为给社会带来的灾难，继而增强了他忧国忧民的情怀以及发奋苦读的决心。

当时正值陕西旱魃为虐，天干物燥，焦金流石，天空数月不见一滴雨，如火的骄阳炙烤着大地，整个关中大地似乎像要起火一样炎热不堪。关中各地河流干涸，麦田龟裂，庄稼绝收，灾情非常严重。灾民们成群结队地出门乞讨，到处都是流离失所、无家可归的百姓，随处可见饿死、病死的灾民。

范仲淹一路上目睹了天灾给关中百姓带来的巨大苦难，心灵受到了强烈的震撼。想到前些日子自己竟然还同新结识的朋友出去游山玩水，在王镐府上饮酒作乐，一股强烈的愧疚之情油然而生，不能自已，竟忍不住掉下了眼泪。他只恨自己只是一介书生，不是朝廷命官，无权无势，无法解救灾民于水火之中。

回到长山，范仲淹把自己游学途中一路上的见闻禀报给母亲和继父。母亲和继父都夸他出去这一趟又长了不少见识。当他说到目睹关中的天灾人祸、民间疾苦他心里非常痛苦，救苦难百姓于水火之中的心情与日俱增时，继父语重心长地说："我能理解你的心情，但帮助别人是需要能力的。泥菩萨过河，自身难保，还怎么救人？你要想给别人一杯水，你自己就必须要有一桶水。为了有朝一日能够拯救苍生，造福百姓，你唯一的出路就是发奋努力、金榜题名！"

"你父亲说得没错，"母亲也鼓励他，"你当前要做的头等大事就是努力学习，精进修行，发大愿，立大志，将来金榜题名，高中状元，成为朝廷命官。只有这样，你才有能力解救苦难众生。"

划粥断齑

范仲淹从关中游学东归长山之后,胸襟宽了,眼光高了,读书求知的愿望更强烈了。

当时,长白山一带学风很盛,颇有些饱学之士。地处长白山腹地的醴泉寺内,当时聚集着一批颇具儒学造诣的和尚,寺院的住持就是一位饱学之士。范仲淹因此有到醴泉寺借读的主意。他先跟母亲商议妥当后,整理了一下简单的书籍衣物,背上包裹,便直奔相距50多里路的醴泉寺而来。醴泉寺是济东的大佛寺,相传南朝宋齐之间,由庄严法师所创建。唐中宗时,寺僧仁万重建。寺成之日,东山岩石间有泉水涌出,掬而引之,味甘芳,唐中宗特赐名"醴泉寺"。寺院负阳而抱阴,东、南、西三面是青山,北面空阔,视通黄河。寺西涧水,从南山悬崖石缝中汇流而来。低洼的地方,小泉埋在草根树叶中间甚多,汩汩流淌,可谓遍地醴泉。

范仲淹来醴泉寺,不是出家当和尚,而是来拜高僧为师,学习佛学经典,寄居寺内,故曰"借读"。寺院住持高僧与范仲淹见面叙谈后,深感这青年为人诚恳,求学心切,而且心志高远,便欣然收留了范仲淹这个俗家徒弟,给予学习及住宿的种种方便。初始,住持每天单独为范仲淹讲授一个时辰,其余时间由仲淹自学。自学中遇到的疑难,第二天请教师父。师父根据仲淹提出的问题,即题讲解,并且进一步拓宽思路,深层探究。范仲淹暗自叹服,师父讲得透彻。每次讲授,都使范仲淹觉得心地敞亮，识见大增，一天一个新境界。

寺院内，和尚诵经做法事，男女香客熙熙攘攘，声音嘈杂，喧嚣得很。为了规避喧嚣，范仲淹在寺院外东山及南山，寻找到几个小山洞，宛如石室，十分幽静，是独自读书思考的好地方，他经常到这些山洞读书，有时一两个时辰，有时终日在此。饿了，吃点自带的食物，渴了喝点山泉水，还有满山遍地可食的野菜野果充饥。

后人将范仲淹曾经读书的山洞称作"范仲淹书堂"，又有上书堂、下书堂之分，俗呼范公读书洞。上下书堂的位置后人有不同说法。明代青城人杨梦衮说："南岩上绝险处有石洞，可容三两人。四旁乱山无数，人迹不到，唯一鸟道只可侧足行，相传为文正公读书处，俗呼上书堂。"清代邹平人成瓘考证，上书堂在寺东面小山包的东北坡，洞旁有一山泉，巨石环抱。山泉称为范公泉，后人还在附近建过书堂寺。下书堂指寺东面小山包东南坡的一个石洞。看来，当年范仲淹借读醴泉寺，他的足迹和读书声曾遍布这里的山山岭岭。

在醴泉寺读书期间，继父的家境已经比较窘迫，仲淹心知肚明。每次离家去寺院，母亲总劝他多带些粮米，一来担心儿子吃不饱累坏身体，二来怕给寺院的师父增加负担。可每次范仲淹都不多带，而且带的数量，出人意料的少。母亲絮叨规劝，仲淹总是胸有成竹地说："我有数，不少。"

初到寺院时，粮米交给厨房，代为制作，随寺院的钟声与和尚们一道用饭。可范仲淹，从早到晚一个心思地读书思考，经常充耳不闻钟声，忘记了吃饭，再去打饭时，又过了时辰。好心的厨僧或小和尚眼看着范仲淹如此废寝忘食地读书，便主动给他送饭来，仲淹很过意不去，给别人添了麻烦。

为了读书方便，他自己备了小锅小灶，自炊起来。范仲淹按自己既定的主意，每天夜晚，量好米，添好水，在小灶里点燃自己拾的木柴，一边读书一边续柴煮粥。一锅米粥煮好了，时间也已过了子夜，他便和衣睡去。第二天清早起来，锅里的米粥已经凉透凝固。他拿出小刀，在凝固的粥块上面划上一个十字，完整的一锅粥分成了四块。早晨吃两块，傍晚吃两块，一日两餐，这便是"划粥"。用什么菜蔬佐餐呢？菜蔬就在寺院周围的大山之中。坡坡岭岭，沟沟坎坎，自然生长着野韭菜、野葱、野蒜、野山芹，还有苋菜、苦菜、荠荠菜、蒲公英、王不留、茵陈等十几种可食的野菜。白天去山洞读书时，顺便拔几种野菜回来。吃饭时，把十几根野韭菜或野葱、野蒜，切成细碎末，加入一点盐，一顿佐餐的菜便成了。这就是"断齑"。划粥断齑，既简约又清淡，省时、省力、省钱。醴泉寺读书三年，范仲淹基本过着"划粥断齑"这种清苦自律的生活。随着范仲淹在北宋历史舞台上光辉业绩的展现，"划粥断齑"也就成了特指范仲淹青少年时代刻苦读书的专用成语。

窖金捐寺

范仲淹在醴泉寺读书的后期，年老多病的继父从平江刺史任上解组归乡。回家不久，继父辞世，家道没落，母亲一人支撑偌大的家异常困顿，操劳过度，心力交瘁。仲淹看在眼里，疼在心里。但他想，一定要坚持学完寺院师父所教授的经学，尽量节衣缩食。

寺里的师父发现范仲淹吃得愈来愈少，读书却愈加勤奋，几近昼夜不息。师父既感动，又怜惜，每天便留出四个饼子，送给范仲淹，嘱咐他一定要吃，不能饿坏身体。范仲淹接过师父的饼子，连连称谢。每次接到师父的饼子，总舍不得吃，总是留待读书累了、肚子饿了时再吃，于是便把饼子放在窗台上。在师父的接济下，范仲淹的生活大有改善，终于能够坚持。过了许久，出了纰漏。

他夜晚读书专心致志，周围发生的一切浑然不觉。夜深了，室内灯火如豆，室外星火似萤。累了，乏了，渴了，饿了，仲淹蓦然想起师父赠送的饼子。往窗台一看，怎么少了一个？第二天，依旧少了一个。起初，仲淹心里嘀咕：难道因为我太穷，长期拖累师父，师父有些嫌弃，给的面饼减少了。转念一想，不可能，师父给我的时候一个也不少啊。又一天，面饼放在窗台上，他时时留意察看。到了傍晚，只见一只白鼠悄悄地爬到窗台上，偷食面饼。他从座位上立即站起来，白鼠听到声响，便叼着吃剩的面饼逃跑了。他快步追上去，白鼠已窜到房门外。他跑上去一看，白鼠"嗖"地一下钻进了门槛旁边墙根的缝隙中。他掀开一块砖，确实有个鼠洞，比较深。端过油灯仔细照看，像是下面有什么东西藏着。他觉得蹊跷，忙刨开上面的覆土，露出一块大石板，掀开石板一看，范仲淹惊呆了：竟是满满一窖白金！这不知是何朝何代何年何月何人何故而窖藏？心神稍定后，范仲淹唯恐深夜惊动了僧人，泄了密，立即动手掩埋如故，恢复原貌。范仲淹分文未取，守口如瓶，依然过着往日清贫的读书生活。

白驹过隙，三十个春夏秋冬过去了。岁次庚辰，康定元年（1040年）春天，范仲淹已年过半百，他以龙图阁直学士，担任陕西经略安抚副使，兼知延州（今延安）。一日，他正为防御西夏进犯的种种军务忙碌着，淄州邹平县醴泉寺的一位僧人奔赴延州，寻到了范仲淹。寒暄阔别，友情如故，师兄师弟相称，好生快活！然而，细问得知：去年一场大火，醴泉寺化为灰烬，断壁残垣，甚是凄凉，众多僧人，衣食无着，寄居他乡，甚是可怜。师父已届耄耋之年，仰天叹息之余，忽然忆起曾寄读醴泉寺三年的范仲淹，现在名满天下，请求范仲淹伸出援手，捐些银两，兴建寺庙。仲淹听师兄和尚说罢详情，痛心疾首之状可见，至于如何筹措银两资助之事，却不置一词。范仲淹派属下专人陪伴师兄，热情周到，并亲自领师兄观看了正在修筑的城寨和兵卒方阵训练。师兄身负重任，尚无着落，不禁心急如焚，哪有心再待下去。几次提出要走，仲淹总说"多住几日""不急"。师兄看到边事紧急，范仲淹日夜操劳军务，时间已过去一月，决意要走，范仲淹同意了。临别，范仲淹交给师兄一封给师父的信，一再叮嘱务必把信收好，交给师父。另外，将备好的路费交给师兄。资助建寺的事，一字不提。和尚师兄既失望，又迷惑不解，就这样踏上了东归的漫漫长途。

和尚师兄回到醴泉寺，老师父一看空手而归，只有一封书信，有些怨恨，难道范仲淹变了？不可能，他坚信自己的眼力和三年付出的心血。他拆开书信，愣了，信上竟写着窖金的一段往事。师父暗暗责怪：范仲淹这不是在欺骗我吗？这白鼠、这窖金的事岂不像神话，太玄乎了！转而一想，堂堂朝廷命官，守边的统帅，不会做这等不近情理的事……

迷惑之中，师父指派几个和尚，按信中所说的地址方位，刨开来看个究竟。不到半个时辰，光天化日之下，真相大白，一窖白花花的银子，呈现在眼前，师父和僧徒又像当年范仲淹发现时一样，惊呆了！继而大家欢呼雀跃，奔走相告：醴泉寺有救了！

窖金捐寺的故事在邹平代代相传，难免添加了离奇成分。还有这样的版本：一天晚上，范仲淹见一白鼠偷食面饼，遂追至院中一棵老荆树东面的穴中，挖出一窖白花花的银子；又一晚，一只黄鼠，偷食面饼，追至荆树西面的穴中，挖出一窖黄澄澄的金子。范仲淹皆分文不取，掩埋如故。三十年后寺遭火，求援的情节不同的是，只带回一封空书和一包茶叶，县令听闻和尚西访范仲淹归来，特来拜访老师父，老师父拿茶叶招待，拆茶包时才发现其中一个纸条，纸条上写道：荆东一池银，荆西一池金，一半修寺庙，一半赠僧人。

民间传说，未必是史实，但它能口耳相传近千年，也反映了范仲淹在人们心中的地位和高贵品质。

决意自立

仲淹在醴泉寺寄读的第三年，家境愈加困顿，母亲也愈加操劳辛苦。朱氏兄弟中有的行为放诞，不知节俭，范仲淹多次好言相劝，不但无济于事，反而引起对方的抵触情绪。有一次，朱氏兄弟浪费钱财，惹得母亲生气，母亲批评他，他不仅不听，还顶撞了几句。范仲淹实在看不下去，再次劝告制止，朱氏兄弟竟怒气冲冲地说："我花的是我朱家的钱，与你有何相干？"

范仲淹一听，话中有话，懵了！他询问母亲，母亲泪流满面，默默无语。他更加疑惑，便外出询问自己最知己的朋友，朋友被追逼无奈，只好简略地透露了他随母改嫁徙居长山的身世。这一听，宛如五雷轰顶，异常震惊，觉得眼前家中的一切都变得陌生起来。震惊之后，过去心底的种种谜团疑云豁然亮堂了，全明白了。他懂事起，无论家内家外，总有一种异样的感觉。他走在街头巷尾，似乎总有一些人嘀嘀咕咕，看他的眼神也有些异样。这种异样的气氛，在少年范仲淹周围挥之不去，想要捕捉，却又无影无踪。继父虽然对范仲淹呵护疼爱有加，但礼教构成的习惯势力是巨大而可怕的，它充斥着社会生活的方方面面，角角落落。范仲淹心底的谜团彻底解开了，心中异常痛苦。他彻夜无眠，思前想后，誓要离开长山朱家，自强自立，且决意自立门户。

继续读书，通过科举入仕，是唯一靠自己奋斗而改变命运的道路。漫游关中时他曾听闻应天府书院是天下最著名的学府，他想投奔应天府去求学。范仲淹回到醴泉寺，将家庭的变故和自己的打算，倾诉给恩师和诸僧友。醴泉寺的师徒都更加同情志向远大发愤读书的范仲淹，帮助他出主意，想办法。寺院的主持高僧告诉他："应天府，秦置睢阳县，唐为宋州。太祖皇帝曾为归德军（即宋州）节度使，所以登基后定国号宋。景德三年，宋真宗追念宋太祖'应天顺时'创建大宋，便将宋州升为应天府。应天府是大宋皇朝的发祥之地。书院最早是五代后晋时儒生杨悫在赵直将军的支持下创建，杨悫去世后，由学生戚同文主持，声誉满天下。戚同文先生的身世与你相似，幼时父母双亡，寄养在祖母的娘家。杨悫教授生徒之初，收留了戚同文，不到一年竟诵完五经。杨很器重同文，将妹妹许配给同文为妻。因身处乱世，戚同文绝意仕进，便主持了学舍，各地有志学子，不远千里而至，登第者五六十人。先生终生乐善好施，以行义为贵，深为世人推崇，其门人追称他为坚素先生。应天府富户曹诚仰慕先贤戚同文先生高风，斥巨资重建房舍一百五十余间，聚书数千卷，聘戚同文先生的裔孙戚舜宾主持，当今皇帝赐匾额应天府书院。你去应天府攻读，定有所成，你放心地去吧。"

范仲淹回家带上简单的行李和琴剑，与母亲相约十年为期，拜别母亲，毅然决然地离开了长山朱家。

睢阳书院

大中祥符四年（1011年），范仲淹到达应天府书院，进入了一个崭新的学习天地。

应天府治宋城，即现在的商丘，是宋朝一个大都市，应天府书院聚集很多名师，又有来自四面八方的学子，学术风气浓郁。范仲淹在原本刻苦自律的基础上，"自刻益苦"，要求自己更加严刻，更加吃苦，更加自觉地磨砺自己，几近苛刻的程度。每天诵读到深夜，疲倦欲睡之时，便用冷水洗洗脸，清醒一下头脑继续诵读，五年中竟没有脱掉衣服睡过觉。他依然保持在长白山醴泉寺读书时吃粥的习惯，即所谓"划粥断齑"，天天吃两餐稀粥，吃点咸菜。有时白天只吃一餐粥，而且到日偏西才吃。书院的师生都称赞范仲淹是"颜回转世"，都以他为榜样，苦学深思，立志成才。

范仲淹在书院苦读的第四个年头，应天府打破了往日的宁静。原来，宋真宗做了大宋皇帝以后，却总感底气不足：当年，他伯父赵匡胤不明不白地死去，他老爹赵光义因有抢班夺权之嫌曾饱受质疑；如今，赵光义死了，不但没有"归政"的意思，反而让自己践了"祚"，这样一来，"烛影斧声"的传言岂不落到了实处？所以，他上台伊始，就变着法儿让天下人相信，他不是冒牌货，而是"奉天承运"的真龙天子。于是，王钦若、丁谓等一伙人揣摩圣意，密谋策划，大搞"降天书""封禅泰山"的活动。

宋真宗四处巡游祭祀，弄得臣民迷惑惶恐。大中祥符七年（1014年）正月，宋真宗到亳州太清宫去拜谒老子庙，加封老子"太上老君混元上德皇帝"。紧接着又来应天府拜谒赵家祖庙——圣祖殿，并再降天书，群臣绘声绘色编造附和说：天书从皇帝车驾上空缓缓降下，又有瑞霭绕庙，彩云腾空，还有黄云覆辇，紫气护幄。说得天花乱坠，以假乱真。百官朝贺，上下传呼万岁，震天动地。一时间，应天府城内，万人空巷，人声鼎沸。同时又下诏书：应天府升为南京，施行特赦，让广大臣民在"重熙颁庆楼"大吃宴席三天，男女老幼无不争先恐后地去观看当朝天子的真容，品尝御赐的美酒佳肴，领略太平盛世的景象。应天府书院也不例外，教师与学子，倾校而出，唯独范仲淹一人静坐学舍，若无其事，坦然读书。应天府留守的儿子回来后十分不解地问范仲淹："能有见到皇帝的机会实在难得，你为什么要错过呢？难道学习还在乎这一天半天吗？"范仲淹胸有成竹地说："以后再见也不晚。"

留守的儿子将范仲淹天天吃粥和不出去观驾的情况，回家告诉了父亲。留守让儿子带上官府厨师做的饭菜送给范仲淹。过了几天，留守的儿子去看范仲淹，发现他送的饭菜一点没动，都发了霉。留守的儿子异常不悦地说："我家大人听说你生活清苦，特意让我送来饭菜招待你，你竟然没有吃，难道是玷污了你，有过错吗？"范仲淹匆忙地表示歉意解释说："留守大人和你的一片深情厚谊，让我十分感动。但我长久吃粥已经成了习惯，如今突然吃了您的如此丰盛的美味佳肴，以后我怎么能再安于吃粥呢？"留守的儿子听罢，既感动，又惊讶：范仲淹所思所为，异乎寻常。

《睢阳学舍书怀》是范仲淹五年苦读心志的形象表达：

白云无赖帝乡遥，汉苑谁人奏洞箫。
多难未应歌凤鸟，薄才犹可赋鹪鹩。
瓢思颜子心还乐，琴遇钟君恨即销。
但使斯文天未丧，涧松何必怨山苗。

西汉王褒工歌诗音，作《洞箫赋》，受益州刺史举荐，被召入朝；西晋文坛领袖张华，身处云阁，慨然有感，作《鹪鹩赋》；晋国大夫俞伯牙善抚琴，高山流水觅知音，终于在山野间寻到真正的知音钟子期。范仲淹在睢阳学舍，像颜回那样箪食瓢饮居陋巷，"人不堪其忧，回也不改其乐"地攻读，"大通六经之旨"，尤长于《易》。他以先贤斯文之道自任，以国之栋梁自许，殷切地期待知音，殷切地寻觅知音。范仲淹自信，终有拨云见日大展宏图之日，故诗末云"涧松何必怨山苗"。

登进士第

登进士第

大中祥符八年（1015年）三月，27岁的范仲淹以"朱说"之名，荣登进士榜。在崇政殿参加殿试时，他见到了年近五旬的皇帝宋真宗，实现了"异日见之未晚"的预言。这年殿试的题目是《置天下如置器》《君子以恐慎修省》《顺时知微何先》，共有197人进士及第。

宋初沿袭唐制，考试内容有诗赋、帖经墨义、策论。诗赋最为重要。范仲淹通过自己的考试实践和长期考察分析认为："……而国家乃专以辞赋取进士，以墨义取诸科，士皆舍大方而趋小道，虽济济盈庭，求有才有德者十无一二。"他深刻意识到科举必须改革，"教以经济之业，取以经济之才"。所谓"经济"，即经世济民，治国安邦。科举考试取的是治国人才，而不是诗人，考试内容应以策论为主。所谓帖经墨义的考试皆为记诵之学，相当于今天的名词解释、填空题之类，对经义并不理解，更无深入研究。范仲淹试图将学校教学、科举考试、经世治国三者联系起来，建立以学校为主体、科举考试为手段、社会人才需要为目的的教育体制。

范仲淹考中进士后，参加了皇帝赏赐的御宴，并且披红挂花，骑马游汴京，可谓"春风得意马蹄急，一日看尽长安花"，风光无限。

他的第一个官职是广德军司理参军，职掌讼狱勘鞠之事。他决定要做的第一件事就是先安排如何把母亲接过来奉养。当时与范仲淹一起赴举的同窗劝他先去广德赴任，然后再派人去接他母亲。有道是：岂无远道思亲泪,不及高堂念子心。范仲淹说:"五年前,辞母离家的情景宛在眼前,相约十年接母奉养的承诺犹在耳际。我要把喜讯尽快告诉自己日夜惦念的母亲,我要让母亲尽快结束悬念游子、度日如年的煎熬。我与母亲相约十年,现在才五年,我怕母亲不相信,我要亲自回去接母亲。"

回到千里之外的长山朱家,一见到面容憔悴、双目深陷的母亲,范仲淹不禁肝肠寸断,痛彻心扉。他告诉母亲,他已考中进士做官,现在要接母亲去应天府安家奉养。至于他五年的寒窗苦读生涯,只字不提,他只要母亲与他共享快乐。

范仲淹与异父同母的朱氏兄弟商议,谁先随母亲南去,以便照顾老人,待新家安顿好,其他人可以陆续迁到那里去生活。经过一番细心周到的安排,范仲淹与母亲一行很快踏上了南归之路。在应天府同学朋友的帮助下,又经过一番周密的安排,终于把母亲和一位朱氏兄弟安顿在宁陵新家。

初入仕途,范仲淹便表现出尽心为民、刚直不阿的可贵品质。他审理案件,仔细落实,不枉不纵,因此时时与上级发生冲突。《广德州志》载:范仲淹经常抱着审理案件的文书与太守争论是非,太守多次盛怒,对范仲淹大发雷霆,范仲淹从不曲从。争论以后,范仲淹往往将一些争辩内容记载在屏风上。等范仲淹调离的时候,屏风上已经记满了文字。后人在广德司理厅内建思范亭,以纪念范仲淹在任时的功绩。范仲淹最重教育,重视人才培养,《广德州志》载:最初,广德人没有学习的风气,范仲淹就兴办地方教育事业,聘请了三位名士作为老师,使当地读书风气越来越盛,不断有人考中进士。据州志记载,宋仁宗景祐年间广德考出第一位进士,北宋年间一共有22人考中进士。地方铭记范仲淹开教育风气的功绩。

自立门户

范仲淹离开淄州长山朱家时，决意自立门户。做官以后，门户到底立在哪里？立在应天府宁陵县（今河南省商丘市宁陵县）。

宋朝官吏的俸禄中，含有职田。"以官庄及远年逃亡田充，悉免租税，佃户以浮客充"（《宋史·职官》）。朝廷内外官员职田，一般都赐封于祖籍。范仲淹职田选在哪里？淄州长山，早已排除在外。祖籍苏州吴县，显然不行，当时他还没有恢复范姓。此时，对范仲淹来说，最有感情的地方是应天府。五年寒窗苦读，在老师、同窗好友的帮助下，他终于步入仕途，这里定然有他许多同窗学友。应天府距离京都汴京比较近。他始仕之地广德到京城去，应天府是必经之地，比较方便。依照官职，应天府附近，大抵应是高官要员职田所选，范仲淹仅是九品小官，只能选在较偏的地方。当时，应天府辖六县：宁陵、楚丘、虞城、下邑、谷熟、宋城。范仲淹职田选在了宁陵县。

范仲淹在外漂泊多年，在自己的职田处安家立户，可以接来母亲奉养。单独接母亲来，谁照顾母亲生活起居？在官署任所短暂时间尚可，时间长了，公务在身，难以兼顾。再者，母亲在长山，已有自己同母朱氏兄弟，母亲单独南来，老人家也不放心。范仲淹也唯恐同母异父的朱氏兄弟受歧视，也不放心。范仲淹决定将同母朱氏兄弟接到宁陵，一来可让朱氏兄弟照顾母亲，二来可帮助管理职田事宜。

范仲淹结婚后，与母亲、妻子、朱氏兄弟一家人共同生活在宁陵，共享天伦之乐。天圣二年,长子纯佑出生。天圣四年,母亲去世,范仲淹丁忧宁陵。天圣五年,次子纯仁出生。天圣九年,三子纯礼出生。景祐三年,范仲淹第三次被贬,妻子李氏在饶州病逝,三个孩子皆未成人,只好将孩子送回宁陵,由朱氏兄弟照顾抚养。范仲淹续娶曹氏以后,才把孩子接到任所。此后,与宁陵朱氏兄弟书信不断,但是范仲淹的家已经随着他的仕宦生涯而漂泊。在哪里做官,哪里就是家,直到他去世,依然是"上无片瓦,下无立锥之地"。

宁陵是范仲淹职田及早期家宅所在地,也是范母谢氏的初葬地,范仲淹孩子的成长地,异父同母朱氏兄弟的定居地。清朝宣统三年《宁陵县志》有云:范仲淹因家计于宁陵,其异父兄弟朱某者多在宁陵,后公贵,以其田赡之,故与朱氏书每言及焉。范仲淹与朱氏家书有"前日专到宁陵""宁陵家计作何擘画"云云,关心着宁陵家庭的生活状况。九百余年岁月流转,今宁陵县有朱氏后裔的聚居地朱家店,仍有遗存的"朱家井"。据说此井的水很甜,附近的民众当年都饮该井的水,现已干涸不用。据统计,宁陵朱氏后裔现有四百余人,编有朱氏族谱,有范仲淹在宁陵生活的记载。

复姓归宗

宋真宗天禧元年（1017年），范仲淹二十九岁，升迁文林郎，权集庆军节度推官。集庆军，今安徽亳州市。文林郎为文散官名，是北宋前期文散官二十九阶中的倒数第二阶，兼教授生徒，从九品上。"权"为暂时代理。宋代，官职有实授和暂代两种。节度推官是幕职官，从八品。

自从大中祥符四年（1011年）得知自己是苏州范氏子孙后，范仲淹心里就萌生了复姓归宗的念头。多年来，他知道自己是范仲淹，是范墉的儿子，却不能光明正大地以范仲淹的名义生活在这个世上。因为他的名字叫"朱说"。心里的滋味，只有他自己才知道。

多年来，他以"朱说"之名去应天书院寒窗苦读，吃粥咽菜；以"朱说"之名金榜题名，进士及第，打马游汴京；以"朱说"之名步入仕途，为国效力，为民谋福。"朱说"之名早已深入人心，"范仲淹"却无人知晓。

如今，母亲已在身边由他奉养，他已长大成人，再也不用依靠朱家的任何人。他虽然依然官职卑微，俸禄微薄，但足以养家糊口，孝养母亲。于是经过左思右想，反复权衡利弊之后，他决定复姓归宗，堂堂正正地做一名范氏子孙。

这时，范仲淹作为从九品小官，很不富裕。他同父异母的三哥范仲温在苏州还有些产业，族人担心他恢复范姓后会提出承继产业的要求。最重要的是，他两岁随母改嫁朱氏，改名换姓，一走二十几年，与范氏族人感情淡薄疏远，世俗观念的隔阂太深太大。一时间，范氏族人多不认可。经过范仲淹反复诚恳说明，自己恢复范姓，只是表明他是范氏血统，今后只有为范氏列祖列宗尽孝道的义务，只有为范氏族人谋福祉的义务，明确而果决地表态：只是恢复范姓，别无他图。最后，苏州吴县范氏族亲终于同意他恢复范姓。

范仲淹已是有功名之人，改名换姓，并非易事。若经皇上恩准，最为简捷，也最具权威。如何述说自己随母改嫁这段身世呢？范仲淹经过深思熟虑，便给皇上上表，要求恢复范姓。在给皇帝的上表中，范仲淹用了一副非常贴切的对联：

名非霸越，乘舟偶效于陶朱；

志在投秦，入境遂称于张禄。

这则对联，用的全是名载史乘的两位范姓先祖的典故。

上联是范蠡的故事：范蠡为越王勾践出谋划策，卧薪尝胆二十年，终于打败吴国，报仇雪耻，并称霸于诸侯。范蠡认为：大名之下，难以久居；且勾践为人，可与同患难，不可同安乐。于是泛舟五湖不返，改变姓名，自称鸱夷子皮。后父子在齐国海滨耕种治产，齐王聘他为相，范蠡叹曰："居家则致千金，居官则致卿相，此布衣之极也，久受尊名，不祥。"他退还相印，将钱财分给邻里乡亲与知己朋友，逃到陶地（今山东定陶附近）便在此做起生意，自称陶朱公。没多久，又致金巨万，天下人都称赞陶朱公，三次迁徙，三次成名于天下。范蠡是一位才智过人且知进退的范氏先祖。

下联是范雎的故事：范雎魏国人，家贫无以自资，在魏中大夫须贾处做事。与须贾出使齐国，齐王闻范雎辩才而赐金十斤及牛酒，范雎辞不受。须贾主观认为，范雎一定向齐国泄漏了魏国的机密，于是便密告丞相魏齐。丞相大怒，派人打断范雎的肋骨，打落他的牙齿。范雎装死，被装进草包，丢在厕所，受尽凌辱。后在郑安平与王稽的协助下，逃出魏国，改名换姓为张禄，投奔了秦国。他说服秦昭王，采取远交近攻之策，秦国日益强盛起来，他也被拜相封侯，显赫于世。后来，范雎荐用的郑安平降赵，王稽私通诸侯被杀，情势对他不利，他便自请辞相，举荐蔡泽代替自己。范雎也是一位历经磨难而奋发有为且知进退的范氏先祖。

这两个范氏先祖的典故巧妙地表达了自己复姓归宗、恢复范姓的要求，皇帝因此而恩准了他的请求，准许他恢复范姓。

自此之后。范仲淹终于结束了以"朱说"为名的生涯，开始堂堂正正地启用父亲从小给他取的名——仲淹，同时，他还为自己取了字——希文。

复姓归宗后的范仲淹还特意写了几封信告知关中的王镐、同年进士滕子京等几位好友，以及自己的业师，跟他们分享他复姓归宗后的喜悦。

范仲淹虽然已经复姓归宗，但他对朱氏兄弟依然关怀备至，手足之情不减。复姓归宗后不久，他还专程回长山看望了朱氏兄长，拜祭了继父朱文翰的坟茔，将自己已复姓归宗、改名为范仲淹的事告知九泉之下的继父，请继父理解他的做法。同时告慰继父的在天之灵，日后他会用实际行动来表明，自己虽然已经改名换姓成为范氏子孙，但继父对他的养育之恩他没齿难忘，铭记于心，他会一如既往地像对待亲兄弟一样对待朱氏兄弟。

初入仕途

河朔吟

在亳州期间，范仲淹结识了关心民间疾苦的杨日严。杨日严后任转运使多年，兴利除弊，甚为范仲淹敬佩。两人之间的友谊，"甚乎神交"。杨日严廉洁爱民的政风对范仲淹影响巨大，这是后话。

自幼立志愿为良相造福生民的范仲淹，其时已经三十岁，仍然担任于国计民生无关紧要的小官，面对着逐渐陷入危机境地的北宋王朝，自己难进一言，莫展一筹，真是焦急万分，忧心如焚。他处理完一段公务之后，便打点行装，漫游燕赵去了。

燕赵自古为中国北方边塞军事要地，多慷慨悲歌之士。可范仲淹这次漫游燕赵，非突发思古之幽情，亦非赏山乐水的闲情逸致，而是一次北方边境军备防御的实地考察私访。自后晋儿皇帝石敬瑭割让燕云十六州之后，中原北部的燕赵军事重地，门户洞开，无险可守，契丹铁骑可以轻易南下，饮马黄河，直逼京都，威胁中原。周世宗柴荣时，曾决定先南后北，统一全国，可他在北征契丹的军中突得暴病，赍志而没。宋太祖建立宋朝后，契丹族建立的辽政权成为北方劲敌。他两次进兵，攻打太原的北汉政权，都因为辽的出兵干预而失败，最终没有实现"一统太平"的目的。太宗即位以后，太平兴国四年（979年）发动大规模北伐，御驾亲征，消灭了北汉，准备乘机攻辽，收复北方的燕云十六州失地。结果，在高梁河（今北京西直门外）被辽军打败，全军溃逃。辽骑兵追击紧迫，太宗的御用器物及嫔妃全部被掠去，他脱身逃走，大腿上中了两箭，此后每年箭伤都要复发。太平兴国七年（982），十二岁的耶律隆绪即位，辽政权由其母萧太后控制。太宗认为"主幼国疑"，有机可乘，便于雍熙三年（986年），分兵三路，大举伐辽。结果，宋军又遭惨败，损失巨大。至道二年（996），太宗箭伤又发，立太子，翌年三月病亡。辽军从此步步进逼，不断派兵南下掳掠，北宋无可奈何，只得采取守势。景德元年（1004年），萧太后调动二十万大军南下，采取避实击虚的战术，绕过宋军坚守的城池，终于深入到靠近黄河的澶州（今河南濮阳），正面威胁汴京开封，北宋君臣陷入一片恐慌。一个参知政事主张迁都金陵，一个参知政事主张南迁成都，唯有新任丞相寇准等少数人主张坚决抵抗，并要求宋真宗御驾亲征，凝聚人心，鼓舞士气。宋真宗犹疑不决，寇准言："今敌骑迫近，四方危心，陛下只可进尺，不可退寸。"宋真宗勉强到达澶州。此时，军民集中到几十万人。恰巧，辽军先锋重要将领被宋军射死于城下，辽军士气严重受挫，加之孤军深入，补给困难，处境不利，主动要求议和。这下恰巧迎合了宋真宗的愿望，虽然有寇准的反对，还是达成宋辽和议。北宋每年向辽输银十万两，绢二十万匹，历史上称为"澶渊之盟"。宋真宗御用文人记事录留下景德元年十二月十九日"北征凯旋"四字。后来范仲淹曾评述说：寇莱公澶州之役，而能左右天子不动如山，天下谓之大忠。

"澶渊之盟"带来了北宋与辽相对稳定的局面，并在易州、雄州、霸州、沧州等地设置榷场，进行边境贸易。十几年过去了，承平日久，北宋与辽边境的军备松弛，隐患也日趋严重，引起了以天下为己任的仁人志士的深切忧虑，范仲淹便是其中最典型的代表人物。

赵匡胤陈桥兵变黄袍加身以后，为消除五代以来禁军拥兵自重的弊端，矫枉过正，实行了一系列削藩措施，杯酒释兵权，让武将功臣高薪无权。设枢密院为最高军事机关，管军队调动；由三衙管军事训练；将领则由皇帝临时指定，实行彻底分权，兵不知将，将不知兵，削弱了军队的战斗力。兵员实行募兵制，大灾之年择灾民、罪犯为兵，六十岁退役,在军中三十至四十年,这样的兵根本不能打仗。怎么办?不断招募,到仁宗时,兵卒已由开国之初的20万到了120万,军费开支已占收入的5/6,形成了严重的"冗兵"问题。

范仲淹到燕赵宋辽边境,将边疆民众的生产生活状况、将帅与士兵的军事素养状况、军事设施状况等等,都一一考察得明明白白,了然在胸。漫游结束,万千感慨,一腔激愤,化成了一首抒发心志的《河朔吟》:

太平燕赵许闲游,三十从知壮士羞。
敢话诗书为上将,犹怜仁义对诸侯。
子房帷幄方无事,李牧耕桑合有秋。
民得袴襦兵得帅,御戎何必问严尤。

太平燕赵,燕赵非太平也。这哪里是闲游?面对危机日深的宋辽边境,自己年已三十,还是个"从知"的小官,满怀报国之诚、益民之心的壮士,现在唯有一个"羞"字!朝野上下需要明白:只有满腹诗书、践行仁义的人才能成为真正的上将,才能真正懂得如何防守边疆,协和万邦,造福于生民。范仲淹此时的心目中,以谁自况,以谁自许,以谁为偶像呢?那就是汉初三杰之一的张良。张良是深明韬略、文武兼备、足智多谋的"智囊"。为报家国之仇灭秦,为刘邦夺取天下,在秦汉之际历史舞台上导演了一幕幕光彩夺目的剧目,成为运筹帷幄之中、决胜千里之外的风云人物。李牧是战国名将之一,他是赵国人。他一生活动分为两个阶段:一是前期在赵国北部边境,抗击匈奴;二是后期在朝中参与政治军事活动。终其一生,主要是作为武将活跃在战国时期的历史舞台上。约在赵惠文王时期,李牧守边雁门郡,抗击抵御匈奴入侵。根据实战需要,设官吏僚属,课税由幕府掌握为军费;厚待士卒,每天宰牛犒赏士卒;天天教练士卒骑射技术,提高战斗力;严格防守,坚固城池,挑选人员侦探敌情,随时发出报警信号。与军民约定：一旦匈奴入侵，未得出击命令，一律速将人马物资全部退入堡垒固守，不得出战，违令者斩。坚持数年，军队无一伤亡，民众照常耕田织布，无丝毫损失，军队却形成了一支装备精良、素质极高的边防军。匈奴以为李牧胆怯，赵国军中也有人如是说。赵王听信传言，责备李牧，李牧不理睬。赵王被激怒，另派人代替了李牧。新将领连连出兵，连连失利，损失惨重。边民不能正常耕种放牧。赵王只好再请李牧出守，李牧坚称有病不受。赵王再三聘请，李牧云："王必用臣，必如前，乃敢奉命。"赵王应允，李牧一如既往，仍采取"坚壁清野"之策，使匈奴数年一无所得。军卒长期得到厚养而未能效力，纷纷要求一战。李牧精选战车1200乘，精骑13000匹，勇士5万人，射手10万人，演练战术。放纵边民放牧，引诱敌人。匈奴小股入侵，李牧命令佯败而走，让匈奴占点小便宜。匈奴单于组织大军入侵，李牧设奇阵，诱敌深入，两侧包抄，歼敌十余万，单于落荒而逃。尔后十几年，匈奴不敢接近赵境。李牧后期入朝后，打破秦军，封武安君。秦再次攻赵，李牧又破秦军。后来秦施离间计，李牧被害。赵王自毁长城，赵国终于灭亡。

范仲淹认为，如今的赵宋王朝，正需要张良、李牧这样的能臣良将。民众有了能臣，就会丰衣足食；军队有了良将，就会固若金汤。如何防御北方游牧民族入侵，也就不必询问王莽时期的大司马严尤。王莽执政时，曾调集30万军队、300日军粮，欲彻底扫荡匈奴。当时严尤多次上书劝谏不可行。王莽一意孤行，最终以乱局失败告终。很显然，范仲淹心目中的偶像是张良、李牧，并以此自诩。二十多年后，范仲淹担任守边将帅的光辉业绩，也确实验证了《河朔吟》中的自况自诩。

天禧二年（1018年）秋八月，范仲淹呈进《皇储资圣颂》，陈述自己的政治理想与主张，开始探寻治国平天下的仕进之路。

一封自荐信

天禧三年（1019年），范仲淹三十一岁，授官秘书省校书郎。秘书省，监掌古今经籍、国史、实录、天文、历书等。校书郎，秘书省属下的从八品小官，负责校勘书籍，订正讹误。范仲淹虽加此小官，但实未到任，仍守官集庆。翌年，范仲淹短期去京城秘书省校勘书籍，了解了大量朝廷内部信息，很快又返回集庆。天禧五年（1021年），朝廷调范仲淹到东海之滨的泰州，担任西溪盐仓监官。

西溪盐仓监，地方僻远，官职卑小，但对范仲淹的心理冲击却特别巨大。在范仲淹之前，从泰州西溪已经走出了两位名冠朝野的京官大员晏殊和吕夷简。

晏殊（991—1055），字同叔，临川（今江西抚州）人。七岁能写文章，被誉为"神童"。景德初年，张知白巡视江南时，将十四岁的晏殊举荐给真宗皇帝。真宗让晏殊与一千余名进士同场参加廷试，晏殊镇静自如，援笔立成。真宗嘉赏，赐同进士出身。复试诗、赋、论，一见题目，晏殊奏曰："臣尝私习此赋，请赋他题。"皇帝喜爱他诚实不欺，授予他秘书正字的官，让他在秘书省读书。此后升任太常寺丞、左正言、昇王府（昇王即后之仁宗）记室参军、户部员外郎、太子舍人、知制诰、翰林学士等。晏殊曾外放西溪盐仓监官。晏殊在西溪任上，当地许多人慕名前来听他讲学，大兴讲学之风，后人建晏溪书院以志纪念，西溪又称晏溪。

据说，晏殊就在西溪写出了其名作《浣溪沙》："一曲新词酒一杯，去年天气旧亭台。夕阳西下几时回。无可奈何花落去，似曾相识燕归来。小园香径独徘徊。"

第二位来西溪盐仓任监官的便是吕夷简。吕夷简（978—1043），字坦夫，寿州（今安徽寿县）人。西溪人酷爱种植牡丹，吕夷简手植一株上品牡丹，护以朱栏，避免人们随意攀折。每春开花数百朵，娇艳无比，一时成为西溪盛事。吕夷简有一首咏牡丹的七绝云："异香浓艳压群葩，何事栽培近海涯？开向东风应有恨，凭谁移入五侯家。"隐隐吐露其怀才不遇之怨。

真宗末年，晏殊与吕夷简都已经是名满天下的重臣。晏殊到康定年间，便成为宰相。吕夷简在仁宗即位以后，进为右谏议大夫，迅即升为同中书门下平章事，即宰相。西溪人相传的"谁道西溪小，西溪出大才；参知两丞相，曾向此间来"的歌谣，虽系后人附会范仲淹所赋，但这首歌谣既道出了西溪人真切的自豪感，也从侧面点明了范仲淹初上任时复杂的心情。范仲淹所赋《西溪书事》云：

卑栖曾未托椅梧，　　敢议雄心万里途。
蒙叟自当齐黑白，　　子牟何必怨江湖。
秋天响亮频闻鹤，　　夜海瞳眬每见珠。
一醉一吟疏懒甚，　　溪人能信解嘲无？

西溪，"卑栖"之处，并非凤凰所托所恋的梧桐。我有胆量和能力议论天下大事。雄心万里，壮志难申。按说，像庄周蒙叟那样，黑白齐一，顺其自然，倒也逍遥自在，可自己偏偏是身在江湖、心存魏阙的子牟。鹤鸣九皋，声闻天下，他山之石，可以攻玉。夜海明珠，朦胧可见，那是瑞兆，那是希望。表面看，"一醉一吟疏懒甚"的样子，实则自我解嘲的内心酸楚，西溪人能知道吗？

范仲淹报国心切，不能再等待了，于是投石问路，毛遂自荐。在西溪盐仓的第二年,即乾兴元年(1022年)二月,真宗皇帝去世,仁宗即位,举荐神童晏殊的张知白进为尚书右丞、枢密副使。

这年十二月,范仲淹做出了一次大胆的举动,给尚书右丞张知白写了封自荐信,希望能得到他的教诲。

这篇洋洋千言的《上张右丞书》,开篇设定标准,"某闻先知觉后知,先觉觉后觉,伊尹之心也"。伊尹助商汤灭掉夏桀,平定海内。商汤卒后,又辅佐太子太丁,太子之弟外丙,外丙之弟中壬。中壬卒后,又辅佐太丁之子太甲即位。但太甲暴虐乱德,伊尹把他放逐到桐宫去。太甲居桐宫三年,悔过自新,伊尹便又将太甲迎回来,授政于他。若有商汤名相伊尹之心,那就会"贤贤相与",贤人相互尊重,相互举荐提携,共同为国效力,为民谋福。反之,就会"贤贤相废",贤人相互攻讦诋毁,就会使大家废置不用,乱国害民。当今求阿衡(伊尹之字)之才之道,非右丞莫属。

张知白为官清廉,任贤荐能,确实令时人所称颂。信中说右丞"文以鼓天下之动,学以达天下之道""能轻人之至重,易人之至难""道清朝廷,名高泰山"。天下之士,仰望右丞。范仲淹自荐说,自己"慨然有益天下之心,垂千古之志",可当世的大君子,认为我是"雕虫小技","而怜之者有矣,未有谓某之诚可言天下之道者"。

已过而立之年的范仲淹,"今复吏于海隅葭荄之中,与国家补锱铢之利,缓则罹咎,猛且贼民,穷荒绝岛,人不堪其忧,尚何道之可进"?怀才不遇的现实处境及不被人所理解认可的一腔怨气,从字里行间倾吐出来。仲淹愿拜于右丞门下,做点事情,文中流露出我范某还是懂得"稼穑之难、狱讼之情、政教之繁简、货殖之利病"的。假设让我有施展才干的机遇,定然会"有益于当时,有垂于将来"的。

书信最后说,当年郭隗以小才而受大遇,则燕昭王求贤任贤之美名,至今世人称道。当年黄石公让张良到桥下给他拾鞋,又让张良跪着给他穿鞋(所谓跪履),而终于授孺子张良帝师之道。希望右丞就是当年的黄石公,范仲淹愿以张良为榜样,建树"运筹策帷幄中,决胜千里外"的子房之功。

范 公 堤

志存高远的范仲淹，报国心切，满怀希望地写了自荐信《上张右丞书》，然而却石沉大海，毫无回应。范仲淹并不灰心，其《西溪见牡丹》诗云：

阳和不择地，海角亦逢春。
忆得上林色，相看如故人。

牡丹不择地为春，人也可不择地为官，即使天涯海角，也要有所作为。

从汉朝起，盐就是官府所专营。从唐至清，盐赋收入占国家收入的三分之一以上，盐为朝廷的重要经济命脉，可谓举足轻重。古云：国家财富，盐利为盛。淮盐又占全国盐赋总收入的一半以上。泰州一带，海水含盐量高，海盐产量一向为淮盐之冠，西溪则被誉为"天下海盐仓"。所以，北宋朝廷多派进士及第的京官来此任盐官。西溪盐仓监，相当于盐务管理所所长，管辖东台境内各个盐场，责任相当重大。范仲淹在巡守盐田盐仓的同时，深入泰州、楚州（今江苏淮安）、通州（今江苏南通）、海州（今江苏连云港）一带，考察社情民意。煮海水煎盐的盐灶灶户，在茫茫的数百里海滩上，星罗棋布，柴草浓烟，遮天蔽日。盐民生活很苦，盛夏酷暑，更是苦不堪言。明代盐民诗人吴嘉纪《绝句》云："白头灶户低草房，六月煎盐烈火旁。走出门前烈日里，偷闲一刻是乘凉。"如今，沿海四州的盐民农户愈加困难，泰州尤甚。

这里几乎年年遭受海潮祸患。每年秋天，海潮泛滥，如遇大风，潮水咆哮怒吼，扑向海滩，冲毁盐田盐灶，冲毁庄稼农舍，甚至伤及人畜性命。潮水过后，粮田碱化，米豆无收。百姓无以生计，被迫流落他乡的已有三千余户。针对海潮侵袭，唐代曾修筑了一条捍海堤堰，堤东产盐，堤西种粮，防止了潮患，民众生活安康自足。可历经唐末及五代战乱，年久失修，原捍海堤堰多半颓坏，致使海潮重新肆虐泛滥。当地多数民众，渴望复修捍海长堤。"及观民患，不忍自安"（引自《上吕相公并呈中丞谘目》）的范仲淹通过深入考察，确认海潮泛滥是泰州一带民众的主要灾难，再也按捺不住为民兴利除弊的急切心情，决心越职言事，专程赶往泰州，找到淮南发运副使张纶，提出重修海堤、增置盐田、改造农田、召回流民的建议方案。张纶十分欣赏这位敢言敢为的下属范仲淹，当即表示支持。可重筑海堤引起不同意见的争论，持海堤易造成内涝观点的一派人极力反对。张纶力排众议云：涛之患十之九，潦之患十之一，护九而亡一，不亦可乎！他上书朝廷，并推荐范仲淹知兴化县，全面负责修筑海堤工程。工程浩大，涉及四州，民工四万余人，张纶又安排时任泰州军事推官的滕子京参与协助指挥。

乾兴元年（1022年），范仲淹任职泰州，由已故参知政事（副宰相）李昌龄从子李纮牵线，与李昌龄的侄女成婚。李氏的老家是应天府楚丘县，范仲淹的新家在宁陵，相距不远。范仲淹安排李氏与母亲一同生活。李氏对婆婆非常孝敬，照顾得无微不至。范仲淹对李氏感激不尽，恩爱至深。

天圣三年（1025年），范仲淹知兴化县，总掌捍海堤工程，积极筹备工程启动的有关事宜。范仲淹全力以赴投入海堤工程。顶严寒，冒酷暑，日夜奋战在工地，以身作则，身先士卒，严格工程质量，关怀民工生活。工程进展顺利，打下了坚固的基础。不料，天有不测风云，秋冬之交的一天，北风怒吼，寒流突至，雨雪冰雹混作。晚上，海潮陡涨，铺天盖地。数万民工在百里大堤上无处可躲，许多民工四处奔逃，官员制止不住，也跟着乱跑。这时，协助指挥的滕子京临危不惧，神色镇定，晓之利害，果断指挥，迅速稳定了局面，成为范仲淹危难时刻的最有力助手。范仲淹暗自称赞同年滕子京为"非常之才"，而"心爱焉"，结为终生莫逆之交。

风雪之夜，海潮卷走了慌忙中未来得及撤离的一百余名民工，也冲毁了部分工程。原来的反对派一时甚嚣尘上，流言谎称死人上千，更有人上书请求罢修。朝廷立即派人下来调查，幸亏张纶从中解释情况，辨明是非，但是否继续修筑仍举棋不定。皇帝又诏令淮南转运使胡令仪实地察访，秉公议决是否复工。胡令仪曾在东台担任过知县，非常清楚泰州海堤的重大作用。他亲自征询范仲淹意见，范仲淹反复陈述利弊，权衡得失，坚持复工修筑海堤，不可半途而废，不能因噎废食。胡令仪非常赞成范仲淹的主张，向朝廷汇报了范仲淹的益民苦心及功绩，并建议必须复工。

天圣六年（1028年）七月，长达150余里的捍海大堤，历经曲折坎坷，终于修成了。

海堤的修复，解决了沿海各州县百姓的海潮之患，保护了泰、海、通、楚四州数十万人民的生命财产和大面积的盐场粮田，召回了流亡在外的三千多户人家。从此，堤东产盐，堤西种田，民众安居乐业了，盐税与田赋收入也增加了，利国利民。张纶和胡令仪都因筑堤有功而升迁。倡导筑堤并在初始阶段打基础的是范仲淹，竭力奏请朝廷批准复工的是胡令仪，最后亲临指挥完工的是张纶，当地民众在东台建"三贤祠"，纪念他们。人们把主要功劳记在范仲淹身上，特称捍海堤为"范公堤"，号称"华夏第一堤"。

当地还有不少人怀着对范仲淹的崇敬心情，自愿改为"范"姓。可见民众对"求民疾于一方，分国忧于千里"的为官者是何等的期许。因为范仲淹深刻影响了历史，范姓也成了北宋以来人们特别敬重的姓氏。明朝朱元璋一次审查犯人名单，发现其中一个叫范从文的人，疑是范仲淹之后，一问，果然是十二世后裔，便特赦了他。有一土匪绑票，见主人名叫范希荣，再问是范仲淹之后，立即放掉。

为母守孝

天圣三年（1025年），范仲淹任兴化知县，主持修复捍海堤堰，正当工程进展到艰难的关键时刻，得到母亲病重的消息。尽管公务缠身，但范仲淹还是妥善安排工程事宜后，亲自回宁陵看望和照料风烛残年的母亲。哲人曾讲，母子之情是世间最神圣的情感。天圣四年，母亲在宁陵病逝，范仲淹悲痛欲绝，立即辞官为母亲守孝三年。范仲淹将母亲先葬在了宁陵。

守制期间，范仲淹应晏殊所聘，到应天府书院讲学。他曾慕名去姚崇墓地拜祭。放眼四望，姚崇墓北靠万安山，南临曲水河，西望龙门，东眺嵩岳，果真是气聚风藏的宝地。姚崇是唐代武则天、睿宗、玄宗三朝宰相，正直敢言，举贤任能，为开元盛世第一功臣。他与范仲淹有相似的人生经历。姚崇祖籍河南陕县，父亲去世后，母亲改嫁黄姓人家。他当了宰相，曾问母亲：百年之后是否与父亲合葬一处？其母言：人若有灵，纵隔千里也相知；人若无灵，即便埋在一起也枉然。于是，姚崇后来将母亲葬在万安山下。范仲淹受到先贤姚崇的启发，便萌生了把母亲移葬当时河南府河南县（今河南省伊川县）的想法。因为母亲改嫁，肯定不能葬在苏州吴县范氏祖茔。假如将母亲葬在北方淄州长山，认祖归宗恢复范姓的自己又不能与母亲永远陪伴在一起。两难之下，范仲淹决定自立茔地于万安山下

天圣九年（1031年），范仲淹经过缜密思考与安排，决定迁葬母亲，

并上书皇帝，乞将磨勘转官恩泽移赠考妣，状云：

> 今为迁奉在迩，未曾封赠父母。窃念臣在襁褓之中，已丁何怙，鞠养在母，慈爱过人。恤臣幼孤，悯臣多病，夜扣星象，食断荤茹，逾二十载，至于其终。又臣游学之初，违离者久，率常殒泣，几至丧明。而臣仕未及荣，亲已不待，既育之恩则重，罔极之报曾无，夙夜永怀，死生何及……乞移赠考妣……

这篇奏状，字字句句，动情陨泪，道出了范仲淹这位孝子的至诚至爱，令人感动。

范仲淹认为他一生最遗憾的事就是母亲过世太早。母亲在世，他当官十余年，升迁很慢，官位低，俸禄少，生活过得不宽裕。后来他出将入相，俸禄高了，母亲却永远离开了他。真是"树欲静而风不止，子欲养而亲不待"。后来他给自己孩子的信中说："吾贫时，与汝母养吾亲，汝母躬执爨，而吾亲甘旨未尝充也。"意思是说，在他贫穷时，他与妻子侍奉母亲，妻子亲自掌厨，母亲常常是粗茶淡饭。

执教兴学

天圣四年（1026）八月，捍海堰工程还未竣工，突然传来母亲去世的噩耗。范仲淹不得不辞官回应天府为母亲守丧。

这段时间，恰逢北宋名臣晏殊罢枢密副使，出守应天府。晏殊在应天府最重要的政绩就是兴办学校，延聘名师，培养人才。他见应天书院缺少良师讲学，又得知范仲淹在应天府守丧，便聘请他为书院主管。应天书院是范仲淹十年前读书成长的母校，他当然十分愉快地接受了聘邀。晏殊从年龄上说比范仲淹小两岁，进入仕途却比范仲淹早了十多年，在政治上绝对是老资格。晏殊、范仲淹这次的结交，订立了两人终生的友谊，范仲淹此后一直对晏殊执门生礼。

范仲淹这次回到母校，身份和目的完全不同了。他总结书院先师戚同文的教学经验，为书院制定了一系列的学规，提出了"读书次序"和"为学次序"，严格要求生徒学习遵循。基本课程是儒家经典，《诗》《书》《易》《乐》《礼》和《春秋》。他说："夫善国者，莫先育才；育才之方，莫先劝学；劝学之道，莫尚宗经。"范仲淹认为"六经"乃是"传治国治人之道"，是学习的根本。而当时教育与科举的状况却是"专以辞赋取士，以墨义取诸科，士皆舍大方而趋小道，虽济济盈庭，求有才有识者，十无一二"，学习与考试内容舍大取小，舍本逐末。官学以应试教育为主，助长了生徒投机钻营与醉心名利等不良风气。"天下危困，乏人如此，将何以救？在乎教以经济之策，取以经济之才"。

培养经世济民的人才既是急务，也是根本。

在培养"经济之才"的总要求下，培养各种专业人才。每个生徒各选一门专业，另外再兼学一门专业。课程设置主张"学以致用"，提倡实地考察。选用人才，要求德才兼备。他每每教育生徒，不可把科举仕进作为求学的最终目的，要以天下苍生为念。

在教学过程中，坚持生徒自学为主，教师指导为辅。范仲淹认为，读书是为了"穷理"，穷理必须经过自己的思考、探求，深思默想，自我钻研，自我体悟。因此，他主张教师讲课，要提纲挈领，不提倡逐字逐句地串讲解读，只给生徒提示，启发诱导生徒自己思考，再由生徒提出疑难问题，教师针对性地解疑释惑，或与生徒互相讨论。他提出"为学之序"，要学、问、思、辨四者结合，最终落实到"行"上。

为了便于集中精力执教，范仲淹搬到书院食宿。他为生徒制定了一套作息时间表，按时训导督促生徒学习。夜晚，他经常深入宿舍，检查责罚那些偷懒嗜睡的生徒。每次给学子命题作文，他必定自己先写一篇，亲自掌握题目的难度和重点，使学子迅速提高了写作水平。对来求学的人，不限年龄、地域、身份，不论贫富贵贱，一视同仁，热诚相待，循循善诱，诲人不倦。应天府书院的学风与校风，在范仲淹的言传身教下，焕然一新。就读者、问业者，从四面八方，络绎而至。范仲淹出身寒微，他有自觉吃苦、自我磨砺心志的经验，因此对家境贫寒的生徒，特别热情关照，鼓励他们苦学成才，并经常拿出自己微薄的俸禄资助他们。

一天，书院里来了个秀才。这秀才衣衫褴褛，面露饥色。他请求范仲淹给予帮助，仲淹当即拿出自己的钱，给了十千。一年后，这秀才又来，仲淹又给了他十千，然后问他为什么这样。秀才凄然地说："家有老母无以为养，自己又想读书，不得已只好抽空出来奔走生计，假如我每天能有百钱的收入，就可以安心求学了。"范仲淹听了很受感动，见他家贫笃学，求知心切，是个有作为有志向的青年，便答应在学校里给他安排个职务，每月可收入三千，这秀才便留下来了。

他一边工作，一边学习，跟范仲淹学《春秋》。他学习认真又很勤苦，夙夜不懈。范仲淹服满三年丧期复职的时候，这秀才也回家去了。后来泰山出了个专门研究春秋的儒学大师孙复，就是当年受范仲淹资助的那个秀才。

　　范仲淹与孙复在应天府书院这一次因缘际会，不仅改变了孙复的命运，而且也是北宋前期儒学复兴的一个重要契机。孙复科举不第，退居泰山，聚徒讲学。在徂徕讲学的石介，率弟子拜孙复为师。海陵胡瑗也至泰山，三人切磋同学。后来三人成为南北讲授儒学之大儒。范仲淹荐举孙复于朝廷，授秘书省校书郎，任国子监直讲。石介进士及第，"入为国子监直讲，学者从之甚众，太学由此益盛"（《宋史·石介传》）。范仲淹以胡瑗通晓音律举荐于朝，"白衣对崇政殿"，授秘书省校书郎，任国子监直讲，"瑗既居太学，其徒益众，太学至不能容，取旁官舍处之"（《宋史·胡瑗传》）。清代学者全祖望说，胡瑗门下弟子，先后达一千七百多人。

　　魏晋至隋唐，儒学衰微，佛学日盛。到宋代，峰回路转，柳暗花明，太祖太宗两朝，崇尚斯文，真宗仁宗两朝，设教崇学，复兴儒学，开启宋明儒学六百年兴隆之运，其中范仲淹当居首功，应是北宋前期复兴儒学的第一人。范仲淹与宋学之关系，他在宋学中的地位与作用，学界一直未予足够重视。北宋前期儒学复兴的传承脉络是：戚同文掌门睢阳学宫，导乎先路；范仲淹得先师戚同文之真传，言传身教，卓然而立，开创新局面；至宋初三先生，即泰山先生孙复、徂徕先生石介、安定先生胡瑗（远祖世居安定，今甘肃泾川以北），儒学复兴已蔚然而盛。

药石之言

天圣二年（1024年），范仲淹的本官升迁为大理寺丞，实际任职仍为知兴化县。天圣三年（1025年），三十七岁的范仲淹，面对皇帝年幼、皇太后垂帘听政、宦官专权而隐患日重的局面，再一次忍耐不住心急如焚、忧患如火的煎熬，直接上书皇太后与皇帝，这便是四月二十日的《奏上时务书》。

此书开篇即以咄咄逼人的语势，亮出"干犯天威"的忠心与胆识：

"臣闻巧言者，无犯而易进；直言者，有犯而难立。然则，直言之士，千古谓之忠；巧言之人，千古谓之佞。今臣勉思药石，切犯雷霆，不遵易进之涂，而居难立之地者，欲倾臣节，以报国恩。耻佞人之名，慕忠臣之节，感激而发，万死无恨……况臣之所言，皆圣朝当行之事而未之行者"。

接着，范仲淹提出了自己的治国良策。

其一，救文弊。范仲淹是北宋诗文改革的开创者之一。北宋初年，晚唐五代浮华淫靡的文风笼罩文坛，道德风尚，江河日下。柳开等人举起韩愈古文运动的旗帜，反对以西昆体为代表的浮靡文风。至仁宗朝，范仲淹再次大声疾呼，匡救文弊。范仲淹深通《易经》，他指出："易曰：穷则变，变则通，通则久。"变通，即变革之道。对华而不实、轻内容重形式的文风，他主张必须改革。倡导文以致用，有益教化；文风要质朴，反对追求辞藻堆砌典故。

其二，修武备。范仲淹以孔子"文武之道，相济而行"为宗旨，列举唐玄宗"太平日久，人不知战，国不虑危，大寇犯关，势如瓦解"的惨痛教训，规劝朝廷要"防之于未萌，治之于未乱"，"故善安身者，在康宁之时，不谓终无疾病，于是有节宣方药之备焉；善安国者，当太平之时，不谓终无危机，于是有教化经略之备焉"。范仲淹进而明确指出："今天下休兵余二十载，昔之战者，今已老矣；今之少者，未知战争"，设若"衅端忽作，戎马一纵""再扣澶渊"，能有当年真宗朝寇准那样的社稷大臣吗？"未知果有几将，可代长城"？希望恢复唐朝武举旧制，选拔良将，训练壮士，居安思危，有备无患。

其三，整顿吏治。文经武纬，要有大批贤良的官吏方能实现。故范仲淹要求整顿吏治。首先，重三馆之选，为国储才。唐兴之时，特开馆殿，招揽房玄龄、杜如晦、虞世南等十八学士，"以论道经邦而成大化"，成就了唐初"贞观之治"。其次，广开言路，赏劝直谏。批评皇帝"临政以来，未闻旌一谏员，赏一御史"，如此下去，"以进药石为虚言，以陈丝发为供职"，将令谏官御史之徒，尸位素餐，非国家之福。再次，改革赏延过滥。居近位之人，"岁进子孙，簪绂盈门，冠盖塞路，贤与不肖，例升京朝"，导致"官乱与上，风坏与下"，文武官吏"贪者益励其爪牙，廉者悉困于寒饿"，黑白颠倒，官场腐败。

其四，以德治国。"以德服人，天下欣戴；以力服人，天下怨望"，劝皇太后皇帝"日崇圣德，以永服天下之心"，要仁民爱物，节俭勤政，赏罚分明，"舍一心之私，从万人之望，以示天下之公也"。

纵观天下兴亡局，尽在朝中用佞贤。范仲淹在书中写道："自古帝王，与佞臣治天下，天下必乱；与忠臣治天下，天下必安。"分辨佞贤，至关重要。"忠臣骨鲠而易疏，佞臣柔顺而易亲。柔顺似忠，多为美言；骨鲠似强，多所直谏。美言者得进，则佞人满朝；直谏者见疏，则忠臣避世。二者进退，何以辨之？但日闻美言，则知佞人未去，此国家之可忧也；日闻直谏，则知忠臣左右，此国家之可喜也。"

最后，范仲淹说：治理天下，不外乎外防夷狄，内防奸邪。二者相比较，奸邪之害甚于夷狄之患。因此，杜奸邪，"此致理之大本也"。真诚规劝皇太后皇帝，"纳远大之谋"，不要以远大为迂说，不要以浅末为急务，才能纲举目张，而成圣道。

范仲淹爱民心诚，报国心切，故"揽前王之得失，究圣朝之取舍，因敢謦而陈之"。范仲淹所谓"干犯天威"，实则是"输肝剖胆效英才"。

冒哀上书

"树欲静而风不止,子欲养而亲不待也。"范仲淹前半生最挂念的是母亲,母亲过早去世,令他抱恨终生。但他绝不走当年齐国孝子皋鱼辞官绝世之路。"盖闻忠孝者,天下之大本也。其孝不逮矣,忠可忘乎?此所以冒哀上书言国家事,不以一心之戚而忘天下之忧,庶乎四海生灵长见太平。"范仲淹从个人伤痛忧思而迅速升华为忧国忧民的境界,以超乎常人的政治眼光,以刚直不阿的胆识,破除守丧不言国事的禁律,在天圣五年(1027年)冒哀向宰相、执政上万言书,这便是范仲淹作为一代政治家的扛鼎之作《上执政书》,比庆历新政早十六年,比《岳阳楼记》早十八年。

万言书以《易》"穷则变,变则通,通则久"的辩证思想为理论依据,非知变者,绝对不能长久。为什么?北宋王朝的社会现实是:

"今朝廷久无忧矣,天下久太平矣,兵久弗用矣,士曾未教矣,中外方奢侈矣,百姓反困穷矣。朝廷无忧则苦言难入,天下久平则倚伏可畏,兵久弗用则武备不坚,士曾未教则贤才不充,中外奢侈则国用无度,百姓困穷则天下无恩。苦言难入则国听不聪矣,倚伏可畏则奸雄或伺其时矣,武备不坚则戎狄或乘其隙矣,贤才不充则名器或假于人矣,国用无度则民力已竭矣,天下无恩则邦本不固矣。"

范仲淹立足于居安思危,防微杜渐,磐固国本,明确提出"固邦本,厚民力,重名器,备戎狄,杜奸雄,明国听"等十八字改革大计,具体改革方案为：举县令，择郡守；复游散，去冗僭；慎选举，敦教育；育将才，实边郡；上无过，民无怨；保直臣，斥佞人。

举县令，择郡守，救民之弊，乃为改革的核心环节。基层官吏的好坏，直接关系着民众的祸福和国家的兴衰。目下真实情况如何？书中揭露道："某观今之县令，循例而授，多非清识之士。衰老者为子孙之计，则志在苞苴，动皆徇己；少壮者耻州县之职，则政多苟且，举必近名。故一邑之间，簿书不精，史胥不畏，徭役不均，刑罚不中，民力不作，民害不去，鳏寡不恤，游惰不禁，播艺不增，孝悌不劝。以一邑观之，则四方县政如此者，十有七八焉，而望王道之兴，不亦难乎！"郡守呢？整日无所用心，崇尚迎来送往，贪图安逸享乐，攀高结贵，趋炎附势，徇私贪黩，造成"官吏素餐，民则菜色"的恶劣局面。吏治腐败，隐患日重，到了不改不可的地步。

复游散，去冗僭，以厚民力。今天下六民（士、农、工、商、缁、黄），"浮其业者不可胜纪，此天下之大蠹也"。游手好闲的人太多，皆衣食于农，农能不困穷吗？自大中祥符五年（1012年）开始，真宗皇帝以儒、道、释三教合一的方针治理国家，他以宰相王钦若的主张，大搞降天书、封禅泰山、滥修寺观等蛊惑民众。从此，佛徒道众（即缁黄）与日俱增，每建殿塔，蠹民之费动逾数万。裁减僧道寺观，已成为厚民力的首要之举。其他五民，皆有游散冗僭之积弊，弊不除，民力难厚。

所谓重名器（名器即指国家栋梁之才），就是严格选举，任用贤人，兴办学校，培养人才。只有多办学校，多出人才，才是国家长治久安的根本大计。

所谓备戎狄，就是选拔良将，充实边郡，"置本土之兵，勤营田之礼"。

所谓杜奸雄，明国听，就是让那些敢说真话的人在位，得到重用保护；那些巧言令色说假话的退而不用，使朝廷无过失，民众无怨言，杜绝奸雄弄权致乱的现象发生。

上面所举各项，范仲淹都明确而详尽地提出了具体改革方案，一一从正反两个方面列举历史事实加以说明论证，使之具有极强的可操作性与指导性。

这份万言书中，字里行间激荡着一颗忧国忧民的赤子之心，闪耀着激浊扬清、革故鼎新的思想光芒。当时宰相王质看了《上执政书》，拍案叫绝。苏轼后来评论说："公在天圣中居太夫人忧，已有忧天下致太平之意，故为万言书以遗宰相，天下传诵。至用为将，擢为执政，考其生平所为，无出此书者。"称赞该书可与伊尹、太公、管仲、乐毅、淮阴侯、诸葛孔明的王霸之略相媲美。

范仲淹书中最后规劝宰执："劳一夕之思，绝万代之耻"，"为国家安危而思之"。但是，"人未之病，则苦口之药鲜进焉；国未之危，则逆耳之言鲜用焉。故佞人易进，直臣易退，其致君于有道也难哉。……今朝廷久安，苦言而不用者，势使之然矣。"真的让范仲淹言中了！此时皇帝年少，太后执政，相府内正不压邪，范仲淹的改革方案并没有引起重视，更谈不上实行。可是十几年后，边防空虚，西夏入侵，将亡地失，仁宗这时才真正想起范仲淹《上执政书》的分量，于是重新启用已三次贬出京城的范仲淹，让范仲淹赴西疆御敌。当西疆安定后，事实验证了范仲淹预见的正确性。庆历三年，擢为参知政事，范仲淹《答手诏条陈十事》的改革方案，正是以此书为蓝本，所议各项，皆不超出此奏书的范围。

积贫积弱危机四伏的北宋王朝，终于铸成了"靖康之耻"！《宋史》关于范仲淹的最后结论："自古一代帝王之兴，必有一代名世之臣。宋有仲淹诸贤，无愧于此。仲淹初在制中，遗宰相书，极论天下事，他日为政，尽行其言。诸葛孔明草庐始见昭烈数语，生平事业备见于是。豪杰自知之审，类如是乎！考其当朝，虽不能久，然先忧后乐之志，海内固已信其有弘毅之器，足任斯职，使究其所欲为，岂让古人哉！"这是《宋史》的"盖棺定论"。《上执政书》就是宋版的"隆中对"。

三荐王洙

王洙（997—1057），字源叔，应天府宋城（今河南商丘）人。他的父亲王砺是戚同文的门生，进士及第，官至屯田郎中。兄王渎曾执教应天书院。洙家学深厚，自幼又聪悟博学，记问过人，享名一方。早在景德年间，范仲淹便结识了少年时代的王洙，终其一生，三荐王洙，谱写了一曲为国荐贤、功垂千古的佳话。

天圣二年（1024年），王洙中甲科进士，补任舒城县尉。不久被免官，归居南京。晏殊任南京留守，早闻王洙博学多才，为提高书院教学水平，便请他到应天书院任教，并奏请将应天书院升为府学（开北宋官办府学之先例）。天圣四年（1026年），晏殊又延请范仲淹主持应天府书院。范仲淹与王洙再次聚首，喜出望外。从此两人促膝相谈，朝夕切磋，成为志同道合的终生挚交。不久，朝廷调王洙任贺州富川县（今广西东北部）主簿。范仲淹知悉后，认为如此安排王洙去边远地方任一小小行政长官，不利于发挥他杰出的才能，也将有误于他的前程，便主动去向晏殊建议。恰好晏殊也执意挽留王洙。于是，晏殊便授意范仲淹撰写了《代人奏乞王洙充南京讲书状》，上奏朝廷。

范仲淹认为南京为"近辅之郡"，应该多建学校，广培文化。而王洙"素负文藻，深明经义"，是一个饱学之士，已在书院执教三年，深受学子敬重。所以，他恳请朝廷让他发挥特长，继续讲学，不要让他为行政事务分散精力，从全局来权衡，这才是最根本的用人之道。

这份奏章，言简意赅，词恳情切，很快获准。大儒王洙被留住了，他前前后后在应天府书院教书八年，功莫大焉。

明道二年（1033年）四月，范仲淹被宋仁宗召回京都，任右司谏，职责是监察官吏，选拔人才，建言规谏。以为国荐贤为己任的范仲淹，第二次举荐了学富才高的王洙。王洙被召为国子监说书，改直讲。校《史记》《汉书》有功，迁大理评事（参与评断大案要案）、史馆检修（参与编修国史），同知太常礼院。康定元年晋升天章阁侍讲，累迁太常博士同管勾（兼职管理）国子监，预修《崇文总目》，升尚书工部员外郎。修《国朝会要》，加官直龙图阁，权同判太常寺。庆历三年九月，受命与欧阳修共纂《祖宗故事》，历时一年，成20卷。

正当王洙如日中天大展才华之际，庆历四年十一月，因为参加苏舜钦一次宴会，被罗织罪名贬知濠州（今安徽凤阳东）。实则是章得像、王拱辰等人搞的一次清洗庆历改革派人物的阴谋活动。凡参加宴会的当世著名文人均遭贬斥。对此，"民以为过薄，而拱辰等方自喜曰：吾一举网，尽矣。"（成语"一网打尽"的出处）庆历五年，王洙又迁知襄州，途经邓州，特意拜会故友范仲淹。二人诗酒唱和，感慨良多。范仲淹《依韵和襄阳王源叔龙图见寄》一诗的后半部分："……与君誓许国……洁如凤食竹，乐若鱼在藻。安得长相亲，时时一绝倒。不忘平生期，明月满怀抱。"充分表达了二人以身许国、不以进退升沉为怀、光明磊落、恬淡守志的高尚情怀和亲密无间的友谊。

王洙在襄州，多有善政，深得民心。在邓州已抱病躯且自知来日无多的范仲淹，闻听王洙信息后，认为朝廷不能大材小用，更不能舍本逐末，便第三次举荐王洙，《乞召还王洙及就迁职任事札子》。奏章中高度评价王洙："文词精赡，学术通博，国朝典故，无不练达，搢绅之中，未见其比，以唐之虞世南，先朝之杜镐方之，不甚过也。"并为王洙受牵连一事陈述不平之意："以赴进奏院宴会，乃在京诸司常例，得从一日之休。徒以横议中伤，例遣居外，三经赦宥，未蒙召还，恐非圣朝弃瑕采善之意"，劝谏皇帝"不以人之小累而废其大善"，"乞特赐召还，仪表台阁"，并断言"乃知其才内外可用"，并承诺："或不如举状，臣受上书诈不实之罪；如朝廷擢用后犯入己赃，臣甘当同罪。"如此举荐人才，古今能有几人！

这一次举荐虽未立时见效，但为王洙后来的任用铺平了道路。正如范仲淹所言，王洙"内外可用"。王洙徙知徐州后，正值灾年，他减免税费，开仓赈民，劝说富户捐粮救困，招募青壮年千余人当兵治安，政绩卓著，吏民称赞，受到皇帝嘉奖。徙知亳州后，便恢复了天章阁侍讲，又迁兵部员外郎。编《大享明堂记》，任为史馆修撰，再迁为皇帝起草诏书命令的知制诰。

王洙也的确是无愧于范仲淹终生三举的稽古鸿儒。他是北宋校勘编纂古代典籍的佼佼者，功垂斯文。是他独具慧眼，在翰林院所存的蠹简残策中，发现了东汉张仲景的《金匮玉函要略方》，后经校正医书局林亿等人的考证编纂，《伤寒论》十卷，杂病论三卷，命名《金匮要略方论》，简称《金匮要略》，成为流传至今的中医宝典。是他编订的《杜工部集》，成为后世各种杜甫诗集的祖本。嘉祐二年（1057年）七月，王洙患病，宋仁宗念念不忘王洙读讲经典的艺术魅力，特遣使慰问，并特带口讯，询问："疾少间否，能起侍经席乎？"《宋史》在《王洙传》中评价云："洙泛览传记，至图纬、方技、阴阳、五行、算数、音律、训诂、篆隶之学，无所不通。"

肆

倔强的谏官

秘阁校理

范仲淹在基层工作的政绩声望，两度上书朝廷所显示出来的眼光胸襟，都已经引起当政者的充分重视。天圣六年（1028年），晏殊任枢密副使，要举荐一人为馆职。宰相王曾就说："晏公很了解范仲淹，怎么不举荐他呢？"

这说到了晏殊的心坎上，他立即书写举荐状，状中称赞范仲淹"为学精勤，属文典雅，略分吏局，亦著清声"，接着称赞他在泰州、兴化的政绩，在应天书院主持工作的良好名声，相信他是馆职的合适人选。

宋代重视文教，执政大臣都来自馆职，宋人将获得馆职看作是仕途的终南捷径。范仲淹此次获得推荐，又顺利通过考试，顺利升任秘阁校理。

秘阁校理，以京官充任，负责皇家图书典籍的校勘和整理，实际属于皇帝的文学侍从，可以经常见到皇帝，知悉朝廷内部的许多信息机密。对一般官员来说，这可是近水楼台啊。可范仲淹自步入仕途之日起，就一心只系国家安危、生民祸福，从不计较个人得失。

天圣七年（1029年）冬至，仁宗皇帝打算率领百官在会庆殿为皇太后祝寿，下令草拟上寿的仪式。朝中群臣私下里议论纷纷，都认为这不符合国家礼制，不能这样做，可谁敢站出来说话？更有谁敢站出来反对呢？须知，垂帘听政的刘太后来历非同一般。她原本是真宗后宫中一位普通修仪，但她极会讨好皇帝欢心。皇后去世，真宗无子，嫔妃们都争着为皇帝生子，日后好荣登皇后宝座。刘修仪自己不能生育，却想出瞒天过海之计，将身边一位李姓侍女送给皇帝伺寝，生得一子，她立即抱入宫中，作为己子，这就是此时的宋仁宗。刘随即封后，真宗死后便自然地升为太后，长期干预朝政，满朝无一人敢有异议。

担任秘阁校理不久的范仲淹奋不顾身，公开上书反对。奏疏云："天子有事亲之道，无为臣之礼；有南面之位，无北面之仪。若奉亲于内，行家人礼可也；今顾与百官同列，亏君体，损主威，不可为后世法。"范仲淹认为，这是弱人主以强母后的做法，不可开这个先例，影响皇权政治的稳定，影响国家的长治久安。

范仲淹这一奏疏，骤然引起朝中一场轩然大波，很多人为范仲淹捏着一把冷汗。推荐范仲淹为馆职的晏殊得此消息，十分恐惧，立即召对范仲淹，斥责他怎么如此"狂率"，如此"好奇邀名"，"且将累及朝荐者"。范仲淹面对有知遇之恩的前辈晏公，分辩道：正因为是您推荐的，所以常常自我勉励，努力做得更好，"唯惧忠不如金石之坚，直不如药石之良，才不为天下之奇，名不及泰山之高，未足副大贤人之清举"。晏殊怒斥道："勿为强辞！"范仲淹再拜而退。

范仲淹这一奏疏上去，刘太后看后很不高兴，心怀怨恨，但慑于舆论压力，没有再追究。可范仲淹并未就此打住，他认为仁宗已经二十岁，刘太后依然把持朝政，没有丝毫还政仁宗的迹象。多数朝臣尽管不满，为避祸自保起见，人人闭口不言。危言危行的范仲淹，一不做，二不休，再次上书《乞太后还政奏》，"今上皇帝春秋已盛，睿哲明发"，劝刘太后"卷收大权，还上真主，以享天下之养"。奏疏上去，无声无息，犹如石沉大海。范仲淹无可奈何，愤然自请出京任地方官。这正中刘太后下怀，诏书迅即下达，实则贬范仲淹出任河中府（今山西永济）通判。

范仲淹谏止仁宗率百官朝拜太后以及上书劝请太后还政，实际上并没有脱出中国封建士大夫们男尊女卑的迂腐之见，不过我们不能强求古人具备现代思想。他这种敢逆龙鳞、忤天威的精神还是值得钦佩的。

范仲淹离京后，思虑甚久，为消除晏公对自己的疑惑误解，事关大计，于是首先修书给晏殊，输肝剖胆，陈述己情，这便是《上资政晏侍郎书》。书云："某天不赋智，昧于几微，而但信圣人之书，师古人之行，上诚于君，下诚于民。"书中列举大量古代圣贤事例，辨明"好奇""邀名""狂言"等等骂名的是非曲直，表明自己的决心，"倘进用于时，必有甚于今者，庶几报公之清举。如求少言少过自全之士，则滔滔乎天下皆是，何必某之清举也？"最后提出天下之士有两党："其一曰，我发必危言，立必危行，王道正直，何用曲为？其一曰，我逊言易入，逊行易合，人生安乐，何用忧为？"他写道："人皆谓危言危行，非远害全身之谋，此未思之甚矣。使搢绅之人皆危其言行，则致君于无过，致民于无怨，政教不坠，祸患不起，太平之下，浩然无忧，此远害全身之大也。使搢绅之人逊其言行，则致君于过，致民于怨，政教日坠，祸患日起，大乱之下，恼然何逃？当此之时，纵能逊言逊行，岂远害全身之得乎！"

《上资政晏侍郎书》是一份忠臣直士的宣言书，也是劝天下士人做忠臣直士的教科书。晏殊读后，疑惑顿释，误解尽除，内心更加佩服范仲淹的远见卓识，赤胆忠心，浩然正气。

为民请命

天圣八年，范仲淹因言忤太后而离开京师，通判河中府。忠直进谏而不果，言忤太后而被逐，照说仲淹该吸取一点教训的，可他仍然不改那个倔脾气。

天圣八年，朝廷决定大兴土木，修建太乙宫、洪福院，三司估算需要木材四万九千多根，要求朝廷下旨到陕西购买。范仲淹自河中府上书朝廷，希望朝廷能取消这一次的大兴土木；同时，他还奏请朝廷考虑裁并郡县，以改变郡县多，差役繁，使"堪役之家，无所休息"的现状。

范仲淹位卑人微，他的疏奏自然阻止不了太乙宫、洪福等院的兴建。不过，他勇于说话、敢于负责的态度还是给朝廷中枢留下了深刻印象。

通判是宋代的差遣官名，为地方长官的副手。范仲淹在河中府任职时间不到一年，七月份有《减郡县以平差役》奏疏。范仲淹看到当时郡县行政区域划分过多，导致百姓频繁服役，荒废农时。建议朝廷兼并郡县，以利百姓。具体地说，河中府近郊的河西县就可以并入河东县。奏疏中，范仲淹对两县的主户数量和所承担的徭役有详尽的统计。从这封奏疏中既可以看出范仲淹迅速熟悉当地政务的负责认真的工作态度，也可以看出范仲淹有了京城为官经历之后，为政的眼光更为开阔，立足点更高，从政能力有了相当提高。以前任地方官，范仲淹处理具体政务时，只是关注该地民生福利，对全国性的行政事务，范仲淹更多地停留在思考阶段。在河中府时，范仲淹则从地方具体政务出发，将思维扩散到整个国家，胸襟气度非复旧日。日后"庆历新政"内容之一"减徭役"要求合并郡县，减轻百姓负担，就来源于此。

天圣九年（1031）三月，范仲淹本官升迁为太常博士，同时改任陈州通判。陈州就是今天的河南省淮阳县，距汴京较近，这次人事调动，表明当政者越来越看中范仲淹的政治品格，是对他政治才干的一种肯定。

范仲淹身居陈州，在亲躬民政、财政、户口、赋役、司法诸务中，仍在为朝廷之事操心。当时朝中一些宠幸近臣，如内臣罗崇德、江德明、刘从德（皇太后内侄）之流，皆不经两府甄选，直接出于皇太后手令而晋迁。他忧心忡忡，对这种扰乱朝制的做法，极感不安，遂以唐代中宗时安乐公主、长宁公主、上官婉儿等人倚仗权势，纳贿卖官之事为例，写成奏疏，上报朝廷。

在唐中宗、睿宗时期，韦后、安乐公主、长宁公主等人擅宠用事，贪污受贿，公开卖官鬻爵，违反正常任官制度，为人谋官。不管是屠夫酒肆之徒，还是奴婢之流，只要送上30万钱，就能绕开组织部门的考察，直接得到由皇帝亲笔敕书任命的官位。由于这种敕书是斜封着交付中书省的，所以这类官员被人们称为"斜封官"。而且，其上所书"敕"字用墨笔（与中书省黄纸朱笔正封的敕命不一样），故名"墨敕斜封"。当时的"斜封官"都是不通过中书省、门下省，而是由皇帝直接任命，两省长官都不敢过问，只是将任命文件向有关部门传达而已。

墨敕斜封官的授官方式导致朝政混乱，遭到部分官员的强烈反对。但直到唐玄宗登基之后，才在姚崇等的协助下，罢免了中宗以来的斜封官，并规定此后不得以此法任官，从而结束了长期以来冗官滥吏充斥的局面。

范仲淹的奏疏正是以古鉴今，言辞激烈。这也许是他近年来奏疏中最为尖锐的一份了。据宫中宦官刘承规透露：皇太后看完这份奏疏，怒不可遏，拍案而吼："范仲淹遭遣外任，不知悔改，越级言事更为猖狂无礼了！"

七品右司谏

刘太后去世后，仁宗亲政，朝政发生了重大改变。仁宗立即重用当年垂帘听政期间曾劝谏太后、要求还政的那一批忠直臣僚，凡贬官或外放者均一一召回。范仲淹的政治生涯也迎来了转机。

明道二年（1033）四月，范仲淹奉诏由陈州回到京都，任右司谏。右司谏是专职言官，专门从事讨论朝政得失的工作，往往由皇帝信任或有声望的大臣担任。

皇太后刘氏去世时留下遗诰：尊太妃杨氏为皇太后，继续垂帘听政。已经成年的皇帝当然不甘心仍然做傀儡，众多大臣也公开反对，所以发布遗诰时就删去"皇帝与太后裁处军国大事"一句。范仲淹任谏职后，首言此事，反对再立太后并垂帘听政。最后，皇帝及其朝廷的做法是：立太后而不垂帘听政。

皇帝的决断在范仲淹上奏章之前已经贯彻，但是，范仲淹的奏章依然给了新亲政的皇帝政治上的支持，进一步获得皇帝的好感和信任。终仁宗一朝，范仲淹可以出将入相、建功立业，与仁宗对他的特别好感分不开。

仁宗亲政后，立即对太后垂帘时期做了一次政治清算。太后去世的第二个月就全部罢免二府大臣，当时首相吕夷简，枢密使张耆，枢密副使夏竦、范雍、赵稹，参知政事陈尧佐、晏殊同日被免职，中枢班子大换血。仁宗还严厉惩罚当年阿谀太后者，启用因反对太后被外放或遭贬谪的官员。在这样一股政治清算大潮下，见风使舵、观察帝意、企图借诽谤已故太后进身的官员大有人在。范仲淹立即告诫皇帝：太后是奉先帝遗旨垂帘听政的，十多年时间里也扶持和保护仁宗皇帝，"宜掩其小故以全大德"，不应该听任诽谤语言泛滥。

正直不阿的范仲淹再度表现出自己独到的政治立场和宽广的胸襟气度，他并不曲意迎合皇帝，也不记恨太后当年对他的打击，此时反过来维护已故太后。范仲淹的做法是正确的，因为这保证了朝政的平稳过渡和健康发展。

范仲淹由于获得皇帝的信任，除了谏官本职工作以外，朝廷还经常特别指派他处理其他政务。

这一年六月，朝廷特派范仲淹等会同审刑院、大理寺等专门部门，制定刑法条规，详细议定全国应当配隶罪人的刑名。

七月，朝廷派遣范仲淹出使长江、淮河沿线地区，视察当地灾情，开仓赈灾。这一次特使任务是范仲淹争取来的。范仲淹在京师了解到江淮和京东地区的灾情，就要求朝廷派遣特使外出巡行，负责赈灾特别任务。一开始，范仲淹的请求并没引起朝廷的重视，范仲淹就乘面见仁宗时提意见说："宫廷中半天不吃饭，会怎样呢？现在全国好几处地方缺乏粮食，怎么可以置之不理？"于是，就有了这次特别指派任务。

范仲淹所到之处，调拨粮食到灾区，开仓救济灾民，申请朝廷特别拨款，偿还官府从百姓手中购粮、购盐等的欠账。范仲淹还采取了更多积极的措施，减少灾情危害。如，范仲淹努力改变当地恶陋习俗，取缔过多的祭祀活动场所，把精力和财力集中到赈灾中来。

范仲淹巡视至淮南时，向朝廷推荐当地赈灾工作出色的官员吴遵路，请求嘉奖吴遵路赈灾事迹，以为各地榜样，并将此文献藏于史馆。他又向朝廷上疏请求免除江淮部分地区应该缴纳的粮食、茶、盐之类税钱。他要求当地官府实地勘查，凡因灾情死亡而导致田地荒芜处，免除赋税；家中只剩下孤贫老弱的，也依照实情减免赋税，或者全免；逃荒回来重建家园的灾民，免除当年赋税。

第二年，范仲淹已经被贬谪出京，朝廷却依然在逐条落实范仲淹安抚淮南时免除税钱的系列奏请。同时，范仲淹将当地灾民用来充饥的野草送往朝廷，要求给内宫和皇亲国戚做特别展示，以戒奢侈。最后，范仲淹将巡视见闻归纳总结为八点，以提醒朝廷开源节流。大意为：裁减朝廷多种奢侈用度，不滥赏，削减冗兵冗吏，让没有战斗力的士兵解甲归田，减少江淮至京都粮食或货物的运输费用，将购置于西北的战马划归民间饲养，控制江淮地区因押送粮食而获升迁的武官人数，合并重复设置的政府部门和机构，地方减少建设寺庙等劳民伤财的工程。

这一系列的建议，都得到仁宗的重视，获得仁宗的好评。范仲淹处理具体政务，总是有如此统观全局的观念，表现出卓越的政治才干。

此外，范仲淹发现，当地官府收购百姓余粮，商人从中大肆牟利。商人趁丰收时低价从农民手中购粮，囤积储存，再抬高价格卖给官府。耗费大量官钱，农民也得不到实惠。范仲淹奏报朝廷，提出如下建议：农民在作保的前提下先从官府领钱，一个月内将粮食缴纳给官府，这样可以省去商人的中间盘剥；但是，不允许强迫农民提前领钱。这项建议获得同意。王安石后来实行的"青苗法"，就是学习了范仲淹的做法。

废后闹剧

此后不久，仲淹又为仁宗废后据理力争而大忤皇帝。

仁宗废后也是一场闹剧。仁宗立郭后在天圣二年，他其实并不喜欢郭后，只是当时刘太后垂帘听政，立后全由太后作主，郭后才得以被立为后。也正因为有太后作主，郭后也仗势骄横，把持后宫，宫人亦"多为太后所禁遏不得进"。太后死，禁遏也随之解除，美人尚氏、杨氏大得仁宗宠幸，尚氏之父甚至因此而加官蒙赐，"恩宠倾京师"。郭后自然对此极为不满，因而她们之间常发生争执。一次，尚氏当着仁宗讥讽郭后，郭后一气之下要打尚氏耳光，仁宗上前拦挡，正好被郭后一掌打在脸上。仁宗大怒，起意废黜郭后。内侍阎文应建议仁宗把脸上伤痕出示给宰执大臣，看他们怎么说。其时吕夷简又被召回京师，仍居相位。吕夷简对仁宗说："东汉光武帝也曾废后。郭后打伤皇上，废之，未损圣德。"

吕夷简如此进言，并不是没有原因的。太后死后仁宗亲政，曾将太后听政时的一些太后亲近的大臣悉数贬放，当时吕夷简本不在贬放之列，《宋史》载，"帝始与夷简谋，以张耆、夏竦皆太后所任用者，悉罢之。退告郭皇后，后曰：'夷简独不附太后耶？但多机巧，善应变耳。'"于是夷简也被罢知陈州。当宣布被罢逐官员的名单时，夷简"大骇，不知其故。……久之，乃知事由皇后也"。

范仲淹则与吕夷简截然相反。仁宗想要废后的消息传出宫外，仲淹立即向仁宗进言，极言郭后不可废，且希望仁宗早息此议，以免在朝野引起混乱。仲淹这一次的进言仍然没有被采纳。很快，仁宗颁诏，称郭后无子，自愿入道修持，特封为净妃，别居长宁宫。为省却麻烦，颁诏之前就敕令有司，不得接受台谏章奏。

此诏一出，舆论大哗。御史中丞孔道辅与范仲淹等谏官极力上书，龙颜大怒，悉被贬官。与孔道辅、范仲淹同时被贬的还有侍御史杨偕、马绛，其余如知谏院孙祖德、殿中侍御使段少连、左正言宋郊等，也都受到罚铜二十斤的处分。

这是仁宗亲政以后第一次对谏官大行处罚。此事一出，朝野哗然，时任河阳签判的富弼也上书指仁宗废无罪之后、逐忠谏之臣为两大过错，希望仁宗起码应该召还仲淹、道辅。但仁宗不予理会。

景祐元年（1034）正月，仲淹自汴京东行，前往贬所睦州。此时距他在太后死后被召回京师还不到一年时间。

睦州，就是现在的浙江建德、淳安、桐庐一带。这里山清水秀，天下独绝，富春江婀娜多姿，如一条绿丝带在山间环绕，东汉名士严子陵就曾在这里隐居。

严子陵又名严光，年轻时曾是汉光武帝刘秀的同窗，有很高的名望。刘秀称帝后，告示天下，令人寻找严子陵。但是光有名字不好找，于是光武帝召集来宫廷的一流画家，描绘出严子陵的容貌，直到画得形神毕肖后，便复制了许许多多份，颁发天下，让各地官吏负责寻找严子陵。过了许久仍杳无音信，汉光武帝十分焦虑。

其实，严子陵在隐居在富春山，一天到晚，垂钓于溪水之中，怡然自得。

后来，当地的县令听说严子陵在自己的地界隐居，大喜过望，为了自己升官，硬是把他推进了官车，快马加鞭，送到了京城。严子陵住进了刘秀特意为他安排的房子，每日饭菜相当可口，数十名仆人为他效劳，然而对于这些他不屑一顾。

一天，刘秀去看望严子陵。皇帝亲自登门，这可是件大事儿，得远迎才对。可严子陵根本不理，躺在床上养神。刘秀进来后，看到他这副情景，并不恼火，走过去用手轻轻地拍了拍严子陵的肚子，亲切地说："老同学，你难道不念旧情，不帮我一把吗？"严子陵说："人各有志，你为什么一定要逼我做官呢？"刘秀听后长长地叹了口气失望地走了。

有一晚，刘秀与严子陵叙旧。刘秀问："我比从前怎么样？"

"嗯，有点儿进步。"严子陵大模大样地回答道。

那晚，两人睡在一起，严子陵故意大声打呼噜，并把腿压在刘秀身上，刘秀毫不介意。第二天早上，太史惊慌地来汇报："皇上，昨晚微臣观察天象，发现有一客星冲犯帝星。"刘秀轻描淡写地说："没啥大不了，昨晚我和严子陵在一起。"

刘秀拜严子陵为谏议大夫，他不肯上任，仍旧回到富春山中过他的隐士生活，种种地，钓钓鱼。富春山边有条富春江，江上有个台子，据说是当年严子陵钓鱼的地方，称为"严子陵钓台"。

建武十七年，刘秀又召严子陵入宫，严子陵拒绝了。

严子陵无意仕途，寄情于山水间，这也是一种人生的乐趣。

等到仲淹贬知睦州时，严子陵已经作古近千年了，但他的美名仍常留睦州。范仲淹凭吊古迹，抚今追昔，对严子陵的高风亮节倾慕不已。他到睦州不久，即主持营建严子陵祠，并写了《桐庐郡严先生祠堂记》，记中赞子陵能使"贫夫廉，懦夫立，是有大功于名教也"。在文中，仲淹深情地写道："云山苍苍，江水泱泱，先生之风，山高水长！"成为千古名句。

其实，范仲淹到达睦州后的心情是复杂的。浏览山水景色、向往隐逸生活是一个方面；另一方面，此次贬谪依然给范仲淹内心带来较大冲击。与第一次调离京城比较，范仲淹这次的内心波动更大。前次劝谏皇太后还政，是冒极大的政治风险，范仲淹有"轻一死"（《上资政晏侍郎书》）的充分心理准备，结果只是外放了事。这次京城任职，范仲淹甚得仁宗信任，自以为大有可为，所言之事又完全出于维护皇帝的立场，却意外地被迅速贬谪。

在睦州这段时间，他写了一首长诗：《和葛闳寺丞接花歌》，这首七言长诗为歌行体，模仿白居易的《琵琶行》，写自己贬官睦州、偶遇帝苑旧日花吏所引发的贬谪感慨。这位年老的花吏，身怀种花绝技，当年为皇帝花园培育出奇花异卉，自己也获得了丰厚的赏赐；一旦获罪流放，谪居潮湿的南方，衰老贫病，孤苦伶仃，与范仲淹诉说往事，引出诗人"同是天涯沦落人"的感慨。

不过，范仲淹的牢骚还是非常有分寸的，虽语带讽谏，但仍符合"怨而不怒，温柔敦厚"的传统诗风。

朋党之争

景祐二年，朝廷又有了一次人事变动，李迪罢政，王曾任同平章事（宰相），蔡齐任参知政事（副宰相）。三月，范仲淹也升为礼部员外郎，天章阁待制，不久便调回京师，判国子监。

也就在这一年，被废的郭皇后不明不白地死了。据说郭后死前不过只是一点小病，是内侍阎文应亲带太医前往诊视，并将她移居嘉庆院，但只几天工夫，郭后就死了。其实，郭皇后被废黜之后，仁宗对她似乎也并不是完全恩断义绝。《宋史·郭皇后传》说：郭后被废之后，"帝颇念之，遣使存问，赐以乐府，后和答之，辞甚怆惋"。这大约也是所谓"一日夫妻百日恩"吧。

郭后被废，内侍阎文应及宰相吕夷简起了很大的作用。据说，阎文应看到皇帝思念郭皇后，怕郭皇后回来对自己不利，便在郭后生病时借机做了手脚。但郭后死后，许多人心存疑问却是真的。谏官高若讷、姚仲孙等就上书弹劾阎文应，明确提出了他们的怀疑。

阎文应身为内侍却"专恣不恪"，甚至常矫皇帝意旨外控执政，这本来就是范仲淹非常担忧的事情。郭后暴死，更激起他一腔愤怒，他决心与阎文应一决高低。这一次仲淹事先甚至做好了不是鱼死就是网破的打算，在去见仁宗之前，他安排了家事，并对长子纯祐说："吾不胜，必死之！"

但这一次还好，阎文应终于被贬逐岭南，死于去流放地的途中。

不过，仲淹此举也使当朝宰相吕夷简十分难受。而且，依吕夷简之见，仲淹身为待制，不过是皇帝侍臣，本来就不应行建言进谏的"口舌之任"。但仲淹却不以为然，在他看来，身为侍臣，建言进谏正是职责所在，岂有坐视沉默之理。

范仲淹与吕夷简的矛盾集中反映在选拔人才上。夷简在位日久，"颇务收恩避怨，以固权力"，以至幸进之徒奔走于门下。这是仲淹所不能接受的。一次，夷简对仲淹发感慨，说自己见过的人也算不少了，但却没有遇到一个真正有节行的。仲淹当面反驳说：有节行的人自然是有的，只是你不能知道而已。以你这种想法待人，有节行的人也不会投到你的门下。这话可把吕夷简搞得很难堪。

也就在这个时候，仲淹向仁宗上《百官图》，指出百官进止，如何才是公平持正，循序升迁；哪些只是因私幸进，超格越级。他希望仁宗重视选贤任能，特别是"进退近臣，凡超格者，不宜全委之宰相"。而且，他还引用汉成帝时期的事情向仁宗进言，明确表示，仁宗信任吕夷简如同当年汉成帝信任张禹，他颇有朝政败坏的担忧。

张禹是什么人呢？汉成帝永始、元延年间，王氏家族专权，当时日蚀、地震频仍，吏民上书多言灾异所致，在王氏专政。成帝"意颇然之"，但又没有明证，便亲至张禹宅第向他请教。张禹对成帝说，灾变之由，深远难见，人们以为是王氏专政所致，不可信。成帝以此不疑王氏家族，终于酿成王莽之祸。

范仲淹以为，吕夷简党同伐异，以自己的好恶选人用人，报喜不报忧，与张禹非常相似，实在有失宰执之责。他向仁宗推荐韩亿，以为韩亿素有仁心，宽怀大度，可取夷简而代之。

吕夷简的抗辩自然也是情理中事。就仲淹的指责，吕夷简与范仲淹在仁宗御前发生了激烈的争论，他对仲淹的指责一一加以辩驳，并怒斥仲淹"越职言事，荐引朋党，离间君臣"。御史大夫韩渎附和夷简，甚至请求仁宗书列仲淹一党官吏姓名，张挂于朝堂之上，用以戒越职言事。由此，仲淹被罢免，贬知饶州。

仲淹的此次被贬，使朝野震惊。秘书丞余靖谏言，仲淹以前上书请求太后还政，谏止废后，都没有遭到如此重贬，哪里能够因为与宰相一言不合便遭贬放呢？他请求仁宗优容为怀，收回成命。

太子中允尹洙更是愤然上书，自称得仲淹举荐，与仲淹"义兼师友"，仲淹既以朋党之罪招致贬放，自己按理不该幸免，愿意与仲淹同受贬黜。为此，余靖被贬至江南西路，监筠州（今江西高安）酒税，尹洙被贬郢州（今湖北钟祥），监郢州酒税。

时任馆阁校理的欧阳修也愤然上书，力陈仲淹"刚正好学，博通古今"，不应以忠言忤相而遭贬。欧阳修也因此被贬为峡州（今湖北宜昌）夷陵令。

到此为止，因仲淹、夷简之争，余靖、尹洙、欧阳修等朝臣相继遭到贬黜。第二年，吕夷简也被罢相，"由是朋党之论兴矣"。

这就是仁宗亲政不久于景祐三年出现的第一次朋党之灾。仲淹等人坐贬之后，馆阁校勘蔡襄作了一首《四贤一不肖诗》，"四贤"即仲淹、余靖、尹洙、欧阳修，"一不肖"即高若讷。高若讷当时任右司检，他身为谏官不敢直言，欧阳修说他不知人间有羞耻事。这首诗一出来，京都人士"争相传写，鬻书者市之得厚利"，甚至契丹使者也买回去张贴在幽州接待宋使的驿馆墙上。这一次朝廷党争所造成的震荡，由此也可略见一斑。

平心而论，吕夷简还算不上一个奸臣、贪官。仁宗一朝他位列辅弼，数度宰执朝政，也算是忠心耿耿，并且也做了一些好事，比如，我们从他命人厚葬仁宗生母李宸妃的事上，就可看出，他深谋远虑，办事十分妥帖。

比如天圣五年大内失火，百官早朝而宫门不开，人疑宫中有变，请见皇上。仁宗在拱辰门接见群臣，百官拜楼下，独夷简不拜，一定要仁宗举帘露面之后他才放心。天圣七年玉清昭应宫被焚毁，刘太后想重建，也是他尽力谏止了。他身居高位，周旋于仁宗母子之间，其实也是兢兢业业且备尝艰辛的。

而且，夷简对仲淹也是欣赏并有所保护的。仲淹景祐三年党争之祸被贬之后，康定元年朝廷只决定恢复他天章阁待制改陕西都转运使，当时夷简又任宰执，他对仁宗说，以范仲淹之贤，"朝廷将用之，岂可但除旧职？"仲淹因此得以除龙图阁直学士，迁陕西经略安抚使。仲淹知延州时，私自致书赵元昊，"元昊复书，语极悖慢"，仲淹只"奏其状，焚其书不以闻"。人臣无外交，仲淹这件事实在做得有些莽撞。朝廷议罪，参知政事宋庠认为可斩，枢密副使杜衍认为仲淹志出于忠，不可深罪。仁宗征求夷简的意见，夷简认为"杜衍之言是，止可薄责而已"。仲淹因此没有被严加追究，只降知耀州。

当时所谓的朋党之争，往往是意气之争，双方争议的标准还是忠与奸，君子与小人。在现在看来，不得不说范仲淹有些迂阔。这也是传统士大夫的先天缺陷。

三出专城

景祐三年（1036）八月，范仲淹到达贬所饶州。

屈指一算，这是范仲淹第三次被贬。第一次是谏止仁宗率百官为太后上寿并奏请太后还政，被贬为通判河中府，第二次是谏止仁宗废后被逐出京师，出守睦州。算到这一次被贬知饶州，已经是"三出专城"了。而且，这一次，凡是声援范仲淹的人都是被扣上"朋党"的帽子。士大夫闻"朋党"而色变，个个噤若寒蝉，即使是内心同情范仲淹的，也不敢送行。

这一天，范仲淹出开封南门，往饶州赴任。南门外竟无同僚送别，世态炎凉，顿时涌上心头。

正在范仲淹怅然若失时，忽听背后有人连声呼唤："范公留步！范公留步！"范仲淹回过头来，循声望去，见来者乃是待制官王质。王质衣冠不整，脸色苍白，幸亏有子弟们扶持，才跌跌撞撞地赶上来。范仲淹赶忙迎上去，紧握着王质的手说："王待制是老前辈，远来送行，晚辈怎敢当！"王质略喘一口气说："范公此行，长路漫漫，务请珍重。他日归来，老夫一定到十里长亭外相迎！"说罢，命子弟们摆酒饯行，并亲自把盏，频频为范仲淹祝酒。饯行完毕，王质不顾病体衰颓，一直把他送到十里长亭，才依依惜别。

此事轰动了京城。有些大臣对王质说："待制与范仲淹并无深交，独自一人去南门外送他，难道不怕被人指责为'朋党'吗？"王质斩钉截铁地说："范公是当今贤人，下官难望其项背，如能成为范公的党人，那将是下官莫大之幸，又何惧之有？"

王质为人，颇有几分侠气。可惜这样的人太少了。范仲淹自京师赴饶州，走了三个月，历经十余州，沿途州县官吏无一人出迎。仲淹此行，伴一路风尘的寂寥与落寞，不言可知。

不过，中国的迁客骚人们似乎都能找到自我排解的妙法。他们或寄情山水，用造物所赐的清风明月、奇山秀水来洗濯自己受伤的心智；或研经磨道，在空门虚静中超然物外、淡泊自适以安顿自己不安的灵魂。

此次贬知饶州，仲淹更得要在丽山秀水中安抚自己的心灵了。饶州西临鄱阳湖，与庐山隔湖相望，山光水色应该是更令人倾心的。鄱阳的朝晖夕阴，庐山的飞瀑流泉，这佳景胜境，真是为仲淹提供了一个平复自己心情的好去处，加之数遭贬放，三出专城，也算是曾经沧海了。因此，这一次虽然受到的贬责更重，离开汴京时的情景也更加凄凉，但仲淹似乎比前两次遭贬出京时更看得开了。在饶州期间，政事之余他泛舟鄱阳，畅游庐山，结交僧道，心意舒展，很有点斋中潇洒、逍遥自放的味道。他在《郡斋即事》一诗写道：

三出专城鬓有丝，斋中潇洒胜禅师。
近疏歌酒缘多病，不负云山赖有诗。
半亩黄花秋赏健，一江明月夜归迟。
世间荣辱何须道，塞上衰翁也自知。

范仲淹此前曾知睦州、苏州，加上饶州，故称"三出专城"，即三度为州郡长官。"鬓如丝"之自我喟叹，能见出诗人仕途的挫折感。然而，诗人将对景物的欣赏和仕途挫折带来的情绪波折，都寄之诗歌，这就是"不负云山赖有诗"的更深层含义。这类览景遣情的篇章更加能够表现出诗人的性情。

饶州与庐山隔湖相望，从饶州州治舟行向西，横过鄱阳湖即到五老峰下，自然是不能不过湖一游的。面对这座名山的峰峦瀑影，仲淹也真的成了一位寄情山水、自在逍遥的诗人了：

> 五老闲游倚舳舻，碧梯岚径好程途。
> 云开瀑影千门挂，雨过松黄十里铺。
> 客爱往来何所得，僧言荣辱此间无。
> 从今愈识逍遥旨，一听升沉造化炉。

沿碧梯岚径，观云开瀑影，眼前只有良辰美景，心中自然无荣辱升沉。

诗人此时此刻逍遥乎山水之间，得失沉浮一任造化的心境，应该是真实的。仲淹在酬答一位名叫黄灏的朋友的诗中，也说到自己此时的心境："白雪孤琴弥冷淡，浮云双阙自崔嵬。南方岁晏犹能乐，醉尽黄花见早梅。"心意淡然中、醉尽黄花之后，更有早梅可赏心悦目，且南方的岁尾年头都有可娱之物，这不更是"大得隐者之乐"了么？

在饶州，仲淹患上了肺疾。由于范公被贬，禁军抄家一事，其妻李氏身心遭受极大摧残，日夜担惊受怕，加上来饶路途艰难，不久李氏便病逝于饶州（曾葬鄱阳芝山）。她为范公留下三男两女，大的不过十三岁，小的才四五岁。对于厮守了十三年的妻子过早离去，仲淹以泪洗面，三天不食，七天不睡。后来追忆此事"愁肠已断无由醉，酒未到，先成泪"（《御街行·离怀》）。在《苏幕遮·怀旧》中写道："明月楼高休独倚，酒入愁肠，化作相思泪。"范公在遭受贬职之苦的同时，还要忍受亡妻之哀。

在此时，迁任浙江建德县令的梅尧臣特地寄来《范饶州夫人挽词二首》，给予范公极大安慰。"听饮大夫日，止言京兆辰。常忧伯宗直，曾识仲卿贫。蒿里归魂远，芝山旅殡新。江边有孤鹤，嘹唳独伤神。君子丧良偶，拊棺哀有余。庄生惭击缶，潘岳感游鱼。夕苑凋朱槿，秋江落晚蕖。犹应思所历，入室泪涟如。"

移知润州

景祐四年（1037），京师发生地震。古人迷信天人感应，认为天灾一定是统治者的过失造成的。于是有大臣上书说，范仲淹、余靖因为进谏而遭贬黜，已近两年。结果是大家都不敢议论朝政。陛下应该深刻自我反省，引入忠直敢言之士，这样才能得到上天福佑。

仁宗于是给执政大臣作了指示，这才有了范仲淹、余靖、欧阳修的调动。范仲淹由饶州知州，"近徙"润州知州。

从饶州赴润州，途中要经过彭泽。范仲淹前去拜谒了狄公祠。唐朝名相狄仁杰曾被贬为彭泽令。此时此地，此情此景，范仲淹不免有惺惺相惜之情，他写下了著名的《唐狄梁公碑》。"刚正之气，出乎诚性，见乎事业"，这是范仲淹对狄仁杰的赞誉，无疑也是他恪守的人生信条。

宝元元年（1038）二月，到达润州之后，范仲淹先去了道教圣地茅山。这一年，范仲淹正值半百之年。在《移丹阳郡先谒茅山》这首诗里，他写道："展节事君三黜后，收心奉道五旬初"，"不更从人问通塞，天教吏隐接山居"。从诗意来看，范仲淹似乎心境十分苍凉，已有了潜心悟道，不问世事之意。其实，这只是范仲淹一时兴至，随手而题。一副忧国忧民心肠的他，怎么可能"入道收心"呢？此外，范仲淹还写了首诗《赠茅山张道士》。诗云："有客平生爱白云，无端半老尚红尘。只因金简名犹在，得见仙岩种玉人。"

在润州，范仲淹给仁宗写了道《润州谢上表》。在洋洋洒洒的谢表里，范仲淹再一次表达了自己"徒竭诚而报国，弗钳口以安身"的心志。同时劝谏仁宗"总挈纲柄，博延俊髦"，以使"人心不在于权门，时论尽归于公道。朝廷惟一，宗庙乃长"。

范仲淹虽然被一贬再贬，且已是半百之年，可他并没有意志消沉。作为地方官，他总是竭力为百姓民生谋福祉。范仲淹知润，虽然只有短短一年，可他却为地方发展做了一些力所能及的事情，其中最重要的是在润州兴学兴教。

润州府学，始于宋太宗太平兴国八年（983）。润州知州柳开在州衙子城东南隅建先圣庙，创办州学。范仲淹一直希望通过教育培养经世济民之才，遂在知润期间进一步兴办州学。

据元俞希鲁《至顺镇江志》记载："宝元初，文正范公仲淹守润，新学宫，请赐以闲田，具经史、传疏、诸子书，聘江南处士李觏使讲说，以教养其州子弟。率五日一视学，躬教以文，间设饮食，延劳奖进之。士翕然兴于学，民相劝趋于善，邦之人士深德之，立祠于学。"

李觏系当时著名教育家，被誉为"一时宗儒"。李觏也是范仲淹的好朋友。范仲淹亲自写信，邀请李觏到润州。在信中，范仲淹写道："今润州初建郡学，可能屈节教授？"后来范仲淹知越州，也曾邀请李觏到越州讲学。

范仲淹还在镇江关河之上，重建清风桥，便利关河两岸居民通行往来。据宋《嘉定镇江志》记载："清风桥，在嘉定桥之南。宋景祐间，郡守文正范公希文重建，俗呼为'范公桥'。嘉泰、开禧间，郡守辛弃疾复甃以石。"将清风桥称为"范公桥"，很显然这是由于"民怀范公之德"，以此纪念范仲淹。

如今，关河已不复存在，当年位于关河上的清风桥、嘉定桥等古桥，也早已荡然无存。清风桥遗迹，多年之前曾被考古发现，并在原址立碑，以志纪念。

知润期间，范仲淹还悉心整理自己多年的文稿，编定八卷本《丹阳编》。此后，有二十卷本《丹阳集》行世。书名里的"丹阳"，指的即是润州。

润州地处南北冲要，历来是文人墨客云集的地方。在润州期间虽然短暂，但范仲淹和文士多有来往。山山水水之间，多有唱和之作。滕子京、魏介之皆是范仲淹同榜进士，他们相约到润州，前来探望范仲淹。挚友相聚，自是一番欷歔。范仲淹写有《滕子京魏介之二同年相访丹阳郡》，以记其事。诗中有这么几句："长江天下险，涉者利名驱。二公访贫交，过之如坦途。""同年三百人，太半空名呼。没者草自绿，存者颜无朱。"道出了三人之间情投意合的真情厚谊。滕子京后来谪守岳州，重修岳阳楼，范仲淹为此写下了传世名篇《岳阳楼记》。

对于润州，范仲淹是怀着深厚感情的。他在《京口即事》一诗里这样写道："突兀立孤城，诗中别有情。地深江底过，日大海心生。甘露楼台古，金山气象清。六朝人命薄，不思此升平。"既道出了胸中的抱负，也描绘了自己守润期间，润州的太平景象。

宝元元年（1038）冬十一月，范仲淹接到朝廷诏令，改知越州（浙江绍兴）。他结束了自己短暂的知润生涯，赶赴越州赴任。可就在此时，西夏犯边，北宋边关告急。一年之后，仁宗将范仲淹召还京师，继而委任他和韩琦为陕西经略安抚副使。由此，范仲淹拉开了经略陕西的军旅生涯。

伍

将军白发征夫泪

元昊称帝

康定元年（1040）三月，仲淹复天章阁待制北调，知永兴军（治所在西安）。

仲淹这次调任，一是因为宋与西夏之间关系日趋紧张，二来也是由于当时任陕西安抚使的韩琦的极力保荐。

当时的西夏属党项族，所占疆域包括现宁夏全部、甘肃大部、陕西北部及青海、内蒙古的部分地区，大体处在宋、辽之间。宋立国之后，西夏本已向宋称臣，夏主李继捧也入朝受封，被赐为赵姓。但西夏内部也不乏纷争，李继捧的弟弟李继迁向辽国称臣，辽封其为夏王。真宗时，继迁开始进攻北宋，到景德元年（1004年）澶渊之盟后，继迁死，其子德明继位，才又与宋讲和。

天圣九年（1031年），德明之子元昊继位。到这个时候，经历了近二十年的和平，西夏军事、经济力量也得以增强。宝元元年（1038），元昊立夏国，自称"大夏皇帝"，定都兴庆府（今宁夏银川）。康定元年（1040）正月，西夏以十万之众进攻延州（今陕西延安）。

史载，元昊"性雄毅，多大略"，智勇双全，是个少有的政治人才。在他还是皇太子时，多次劝其父李德明不要向宋朝称臣。李德明表示："我们长久以来一直处于战争状态，国耗民疲。而且，我们党项人三十年能衣锦服绮，都是宋朝的恩赐呵，不可轻易辜负。"元昊大言："衣皮毛，事畜牧，乃我们蕃人的习俗。英雄在世，当图王霸大业，何必介意锦绮细事！"

元昊继位后，励精图治，加强练兵，对党项诸部进行了更为严厉的控制，同时，恩威并施，常以会猎为名，每有所获，"则下马环坐饮，割解而食，各陈所见，择其所长"，很有亲民作风。同时，元昊对西夏内部的官制下大力气进行改革，设立了中书、枢密、三司、御史台、翊卫司等一系列详尽的府衙，分由汉人、党项人统管，并分设蕃学和汉学，培养后备人才。当然，中央官制方面，元昊大多搬袭宋朝的官制，但俸禄方面却比宋朝差得好远。

元昊率西夏大军，大举进攻吐蕃，转战四方，四处攻城，取得瓜州、沙州和肃州三个战略要地。引兵南返时，元昊怕吐蕃兵追踪，又举兵猛攻兰州诸羌部，修筑城堡，加以固守，以免将来侵宋时吐蕃兵会从他背后进击。

元昊很有雄略，他在黄河以北布军七万，以备辽国；在盐州路布兵五万，以备环庆等地的宋兵；在宥州路布五万兵，以备鄜延等地的宋军；在甘州路布兵五万，以备吐蕃和回鹘。同时，简选善射便马的壮士五千，号为"六班直"，以充御林军。

至此，元昊拥有了夏、银、绥、宥、静、灵、盐、会、胜、甘、凉、瓜、沙、肃数州之地，他自居兴州，依山阻河，于宋宝元元年正式称帝，时年三十。当然，称帝之事，怎么也要向宋朝有个交代，元昊便派使臣去汴京，宣告自己称帝一事。

这份奏疏，文辞相当恳切，但分庭抗礼之心昭然若揭，大致意思如下：我家祖上也是当过皇帝的，那是在东晋末年，创立了北魏。后来我的远祖拓跋思恭在唐末以来兴起，经过几代先辈的打拼，算是有了一块地盘。如今我们有了自己的文字，制定了自己的礼乐制度，四周各民族都来归顺我。我要是称王，他们就不答应，说我只有称帝，他们才甘愿。我一再退让，奈何他们一个劲地逼迫，没法子只有勉为其难了。希望皇帝陛下同意我在西部称帝，我们两国友好睦邻相处。从此边境永远告别战火困扰，这是件多好的事啊。

不得不承认，元昊这份奏疏写得很客气，文字水平很高，但对于宋朝来讲，藩国一下子变成"友邦"，国王变成皇帝，是万万不能接受的大逆不道之事。整个朝堂上炸开了锅，朝廷上分为主战和主和两派，两派争执不休。一时难以统一意见。枢密使王德用、陈执中等人主张马上处死元昊使者，下诏与元昊这个叛国分子宣战，狠狠打击这股分裂国家的逆流。盛度、程琳等则认为不可轻开战端，先观察一段时间再说。

争执了半天，还是商讨不出个结果来，最后决定先遣还元昊的使者，不表明态度。

使者走后，大家勉强达成共识，先采取经济制裁，下令关闭边境互市，不准开展边境贸易。削夺赐给元昊的赵姓和一切官职、爵位。在边境地区张贴告示，凡是能斩杀元昊并将其首级献给朝廷者赏赐二百万文钱，册封为定难节度使；凡是能捕获西夏派往宋朝境内的间谍者赏赐十万文钱；凡是西夏境内的将领率领所属人马投奔朝廷一律加官进爵。

可怜大宋也只能用金钱策反，拿不出实际行动。元昊闻讯轻轻一笑，派遣使臣，把宋朝先前赐予的旌节和诰敕皆封匣送回，书表语气傲慢无礼，再不拿宋朝当回事。

三川口之战

元昊立国之初，西夏总兵力已达 50 万人，此外，打大仗时还可以从各部落征调兵丁，声威更是浩大。可以讲，元昊当国时，西夏全民皆兵。

元昊不仅拥有坚实的军事后盾，最重要的他还拥有一个主要由汉人组成的智囊团。西夏立国之初，出谋划策的六个人，除嵬名守全是党项人，其他全是汉人：张陟、张绛、杨廓、徐敏宗、张文显。而且，怂恿元昊侵宋的主心骨也是两个汉人：张元、吴昊。

张元、吴昊二人虽是书生，却熟知中国历史和军事战略，他们力劝元昊进取关右之地，占领关中，向中原腹地挺进；同时，与辽国联合，让契丹人在河北进袭宋朝，最终使宋朝两面受敌，力不能支。这些策略，皆是一剑封喉的毒招，无论哪一招成功，宋朝都会有亡国之忧。

当时，宋朝在西北的主要负责人，一是泾州知州夏竦，二为延州知州范雍，此二人不仅仅是文职，皆"加兼经略使、步骑军都总管"，是西北方面人、财、物、军一把抓的两大巨头。

夏竦此人，是力襄宋真宗"天书封祀"中的"五鬼"之一，但此人极富干才，是一位有远谋的能吏。他本是将门之后，其父夏承皓，于太宗太平兴国（976—984 年）年间在与辽国的战争中战死，夏竦是因太宗皇帝抚恤阵亡英雄时录入官府做官的，不是进士出身。但他知识渊博，自经史、百家、阴阳、律历，直至佛老之学，无不通晓，而且文采斐然，文章典雅华丽，名重一时，朝廷重大典仪时的文章都由他起草。他之所以被当时的一些朝臣指斥为奸邪，是因为他这个人权欲重，急欲在官场上快速进步，所以巴结权臣，玩弄权术。谁掌权就跟谁套近乎，一旦失势，就不理人家了，所谓"倾侧反复"，所以被一些朝廷重臣，如吕夷简认作"小人"。

夏竦对当时西夏的形势有非常中肯的分析：以前太祖太宗时候，元昊的祖辈不过是银、夏一带流窜，那时候我们刚建国不久，将领都是经过百战洗礼，战士们都是刀口舔血过来的精锐之师，但都被他们死缠烂打，没有一举剿灭。如今元昊已经羽翼丰满，而我们将士享受和平岁月多年，大多没打过仗，而且一旦开战，战线很长，后勤保障供应跟不上。如果贸然开展，我们未必打得过他们。

鉴于此，他提出了十条对策，主要包括：加强军队训练，实现军队本土化，招募当地人入伍，因为他们熟悉当地环境；加强战略物资储备；招募一批猎户，培养一支狙击小队；精兵简政，撤销不必要建制，淘汰拿工资不干活的人员；对当地羌人搞统一战线，拉拢到朝廷这边来；联合青唐唃厮啰父子[①]共同对付元昊。

看到夏竦论证报告后，朝廷上下都认为该报告实事求是，论证全面，具有很强的可操作性，于是大多都采纳了。但是，当时的朝中大臣和边境将领多主张征讨，反认为夏竦胆怯。

宝元二年（1039）年底，元昊命西夏军队进行试探性进攻，首先攻击宋朝的保安军（陕西志丹县），不巧的是，保安军当时的巡检指挥使狄青善战，把西夏军打得溃败而走，没有捞得任何便宜。

狄青，字汉臣，汾州人，由于善骑射，多武艺，他得以在皇家御林军服役。元昊称帝后，狄青以"延州指使"的官职被发往边疆效力。打仗时，狄青经常为先锋，身先士卒，常披散头发，面带一狰狞铜面具，如旋风般出入敌阵，所向披靡。经历大小二十五战，身中八创，敌人

[①] 青唐政权是北宋时期在河湟地区由吐蕃王室后裔建立的地方政权，由于政权的建立者是唃厮啰（读音古寺罗），所以也称之为唃厮啰政权。

慑其威，不敢轻易进犯。

后来，狄青由经略判官尹洙推荐给负责西北边事的韩琦、范仲淹，二人一见，大为惊奇，待之甚厚。范仲淹亲自把自己所研读的《春秋左传》赠给狄青，劝勉他说："为将不知古今忠义之事，只不过是匹夫之勇。"

狄青虚心地接受了，以后认真读书，精通秦汉以来兵法，名声越来越大。后来狄青率军击破广西侬智高叛乱，回朝得封枢密使，这是后话。

康定元年（1040）开春，元昊自率大军，以宋朝延州为目的地，揭开了大规模战争的序幕。

当时，时任振武军节度使、延州知州的范雍正在延州。这位范老夫子人品不差，颇有政声，但兵事方面欠缺远略深谋。宋真宗死后，供奉"天书"的宏丽宫殿群昭应宫被雷击起火焚毁，刘太后欲重修，正是范雍抗言："先朝以此竭天下之力，遽为灰烬，实乃上天惩戒！"终于使宋廷未再劳民伤财。正直归正直，范老夫子得知元昊西夏大军要拿自己的延州开刀，大惊，忙上表奏称："延州处在防守最前沿，地方空阔，防御工事少，近者百里，远者二百里，兵力不足，又无强将可用，请求增兵。"但是，范雍要求增兵的表奏并未引起朝廷重视，不报。

元昊选择范雍的延州为攻击目标，并非仅仅因为范老夫子怯懦，而是经过深思熟虑做出的精心布置。宋夏两国以横山为界，东起麟州（今陕西神木），西到原州（今甘肃镇原）、渭州（今甘肃平凉），绵延一千多公里。元昊称帝后，宋朝在这条边界线上不断派军驻防。经过数次进兵侵扰及试探性进攻，元昊选定延州（今延安）为攻击目的地，看中的正是鄜州（今陕西富县）、延州一带通路畅阔，便于进攻。

首先，元昊展开军事行动后，又派使人送信于范雍，表示自己要与宋朝议和，老夫子信以为真，不再设防。同时，元昊猛攻延州外围的李士彬所率各部军事据点。李士彬当时是宋朝的金明都巡检使，他本人就是党项族酋长，掌有十八寨近十万众的彪悍羌兵，驻扎于延州北面的金明寨。对于这个党项老敌手，元昊暗杀计、反间计、奇袭计等等全用个遍，一无所成，最后，反倒是"骄兵计"成。西夏军每逢李士彬交战，没打几下就"溃退"，还高声叫唤："铁壁相公（李士彬的外号）来了，我们赶快逃命吧。"如此一来，李士彬颇为自负。同时，元昊还派遣一批又一批党项部落向李士彬"投降"，面对汹涌而来的党项人，李士彬自己不好处理，就上报"上级"延州老夫子范雍，要求把这些党项降人迁居到远离西北边境的南方安置。范雍文士，没有军事计谋，反想"以夷制夷"，厚赏这些西夏降人，并让李士彬把他们编入金明寨周围的各个军事据点。李士彬不好违背上级命令，只得照办，等于宋朝的各个砦堡安置了为数众多的"定时炸弹"。

果然，安排停当后，一声炮响，元昊诸军突然发动攻击，事先诈降的党项人纷纷而起，金明寨等十余个延州以外的宋朝军士据点皆被西夏人占领，李士彬父子也被擒杀。乘胜优势，元昊大军直至延州城下。

范雍肝胆俱裂，一面命人紧闭四城拒守，一面派人带信急召当时屯守庆州（今甘肃庆阳）的鄜延路副总管刘平和石元孙。刘、石二人闻信仓猝提兵，直趋土门（今陕西安塞）。然后，这部宋军未得休息，又经保安、万安镇向延州方向驰进。鄜延都监黄德和、巡检万俟政以及巡检郭遵都接到范雍的告急书，也同时往延州方向集结。元昊早已得知宋军动向，便在三川口（今延安西北）设下埋伏，静待诸路入套的宋军。

刘平与诸将会合后，集步骑一万多人，结陈东行。走了五里，终于遇见严阵以待的西夏兵。当时，天下大雪，"平地雪数寸"，两军均摆偃月阵，一时相持。很快，西夏军渡水而前，改为横阵，宋将郭遵率骑兵荡阵，"不能入"。刘平指挥宋军全力压上，"杀敌百人"，西夏军退却。忽然，西夏军又"蔽盾为阵"，宋军又发动进攻，"击却之，夺盾，杀获及溺水死者几千人"。混战之中，刘平的脖子和耳朵皆被流矢射穿，血流遍体，乍为小胜，又至日暮时分，宋军兵校纷纷手持人头，牵着所缴获的马匹拥至刘平面前请赏，刘平忙说："现在敌人未退，你们各部自己人记下功劳，战后一定各加重赏。"话音未落，西夏兵忽然又来一拨，"轻兵薄战"，宋军稍稍引却。其实，时前时却，是对阵交战双方军队非常常见的事情。关键时刻，远居后阵的宋将黄德和心怯，见前军小却，他马上召集麾下往后狂逃。"众从之，皆溃"。完全是一时间的从众心理，本来一直在搏战中占上风的宋军忽然就调头一齐往后跑。刘平见状，马上派自己的儿子刘宜孙乘马追赶黄德和，拉住他的马缰苦劝："万望将军勒兵回击，并力击贼，不要再跑。"黄德和不听，纵马驰奔而去。刘平无奈，急遣军校"伏剑遮留士卒，得千余人。转斗三日，贼（西夏军）退还水东。"可见，宋兵此时的战斗力仍很顽强。特别是宋将郭遵，独出奋击，"期必死，独出入行间"，手持大槊横冲直撞，如入无人之境。西夏军知道此将不可当，派数人在一狭窄处持数条长绳欲拦截郭遵，均为这位猛将挥刀斩断。最后，西夏特派一股部队，边斗边佯败，诱郭遵深入，然后万箭齐发，才把这位猛将射死。郭遵上阵时所用铁锏、枪、槊，有九十多斤重，"其后耕者（农民）得其器于战处"。宋廷对这位郭将军非常惋惜，加封其父母，宋仁宗还亲自为其年幼四子起名。

　　刘平率众退至西南山，"立七栅自固"。半夜，西夏集大兵围攻，"四出千合击，绝官军为二"，苦战不支，宋军绝大部分战死，刘平、石元孙皆为西夏军生俘。

　　刘平此人，"刚直任侠，善弓马，读书强记"，其父刘汉凝是宋太宗朝功臣。虽出将门，刘平本人进士及第，文武全才，为寇准所知，荐为泸州刺史，数次击平当地夷人的反叛。后来，刘平入朝，任监察御史，多次上书言事，得罪了丁谓。恰逢西北有事，丁谓就向当时的宋真宗"极力推荐"刘平，说："刘平，将家后代，素知兵，派将西北，可以制敌。"趁机把刘平外放。西北任上，刘平竭心尽力，多次镇压各蕃族的叛乱，还不停上书献计，可惜一直未获采纳。三川口败后，先行逃跑的黄德和竟然反诬刘平率兵降敌，"朝廷发禁兵围其家"。不久事发，黄德和被判腰斩，宋廷认为刘平已经战死，追赠他为朔方节度使，谥壮武，"子孙及诸弟皆优迁"。后来，有附降的党项人来报，称刘平"在兴州未死，生子于贼中"。宋廷还不信。石元孙被西夏放还后，朝廷才知道刘平确实未死。对此，宋廷也未深究，毕竟一直苦战，没有功劳也有苦劳。

三川口之战，西夏虽大胜，但因天降大雪，加之延州城坚，并未能一举攻克延州。不久，得知其余几路西夏军遇败，补给又不济，元昊只得下令退兵。

范雍老夫子也算命好，延州守兵才几百人，竟然能得以保全。当然，三川口大败，他不得辞其咎，"左迁户部侍郎，知安州"。范雍"为治尚恕，好谋而少成"，此类人只宜在朝中当清显之官，真让他干实事其实很难。但范夫子"颇知人，善荐士，后多至公卿者"，是位好伯乐。宋朝大将狄青为小校时，一次犯法当斩，正犯在范雍手下。范夫子惜才，饶以不死，成就了狄大将军日后的千秋万古英名。

伍　将军白发征夫泪

攻守之争

三川口大败后，宋廷在中央也追究责任，罢张士逊的相位，以吕夷简接任，同时，宋廷又命韩琦为陕西安抚使，协助总统西北防御的陕西经略安抚使夏竦。又任范仲淹为陕西都转运使。由于先前与宰相吕夷简不和，范仲淹被斥为"引用朋党"，贬为饶州、越州等地为官。正是韩琦力荐，他才得以被重新起复担当大任。不久后，宋廷又下诏任韩琦和范仲淹同为陕西经略安抚副使，韩琦主管泾原路，范仲淹主管鄜延路。此时的范仲淹五十三岁。

当时，天下太平日久，武备不修，边防弛废，将帅乏人。而且，当时的戍边军事指挥机制也成问题。北宋设枢密院和中书门下，并称"二府"，由枢密院主管军务，由中书执掌政务，政务与军务严重脱节。同时，宋初以来，皇帝严格控制用兵之权，每有战事需要出征，都是皇帝临时授权给将领，且实行内廷监军制度，将帅的自主权很小。直到康定元年晏殊、宋绶等入主枢密院，晏殊、富弼等"请令宰相兼领枢密院"，要求仁宗允许参知政事与枢密使同议边事，并废除内廷监军制度，情况才有所改观。

范仲淹一到任，首先改变御敌策略。先前，敌军来攻，宋军军官总是最小的武将先出御。对此，范仲淹深恶痛绝，"将不择人，以官为序，取败之道也"。他大阅州兵，简选一万八千精锐，分由六将统领，日夜训练，轮流防御。这样一来，既通过战斗练将，又通过实战练兵。

西夏人知道新来的范仲淹不好对付，相互诫道："今小范老子（范仲淹）腹中自有数万甲兵，不比大范老子（范雍）可欺也！"范仲淹还派人四处修建防御堡垒，并建鄜城为康定军，加强抵御西夏的军力。

那首著名的《渔家傲》就是此时所作，在一个深秋的夜晚，营帐中的范仲淹忙中偷闲，写道：

> 塞下秋来风景异，衡阳雁去无留意。四面边声连角起。千嶂里，长烟落日孤城闭。
>
> 浊酒一杯家万里，燕然未勒归无计。羌管悠悠霜满地。人不寐，将军白发征夫泪。

整首词表现将士们的英雄气概及艰苦生活，意境开阔苍凉，形象生动鲜明。上片描绘边地的荒凉景象，下片写戍边战士厌战思归的心情。范仲淹的《渔家傲》变低沉婉转之调而为慷慨雄放之声，把有关国家、社会的重大问题反映到词里，可谓大手笔。从词史上说，此词沉雄开阔的意境和苍凉悲壮的气概，对苏轼、辛弃疾等也有影响。

康定元年（1040）十月，元昊又接连攻下乾沟、乾福、赵福三大军事据点，咄咄逼人。韩琦马上命令时任环庆副总管的宋将任福率兵七千，夜行军七十里，突袭白豹城，击败驻守的西夏士兵，焚烧了他们的装备物资，给西夏人以震慑；鄜州判官种世衡也审时度势，急率军赶赴踞延州东北二百里外的宽州，筑垒营墙，建成了清涧城。清涧城如一枚钉子，既可以支援延安，又可以威胁到西夏的首都兴庆府（今银川）。

庆历元年（1041），鉴于元昊攻势转剧，宋仁宗遣使向主持西北军政要务的夏竦问计，夏竦派副使韩琦和判官尹洙入朝，呈上攻守两个方案，任凭宋仁宗选取其一。宋仁宗当时三十二岁，正当壮年，认定要对西夏展开攻势。他不顾朝中大臣的反对，"诏鄜延、泾原（两路）会兵，期以正月进讨"。范仲淹上奏，认为正月塞外大寒，应该慎重行事。

宋仁宗点头，下诏让西北诸师"应机乘便"，择时向西夏进攻。

进攻还是防守，韩琦与范仲淹各执己见，且各有各的道理。范仲淹认为："战者危事，当自谨守以观其变，未可轻兵深入！"主张防守。韩琦认为，如果一味固守，将士必无进取锐志。而且，元昊倾国入寇，兵力不过四五万，老弱妇女，举族跟随行军；而我们握有二十万重兵，僵守壕界，却不敢出击，华夏衰弱到如此地步，自古未有！韩琦又慷慨激昂地说："大凡用兵，当置胜败于度外。"

韩琦是进士出身，而且是当年的第二名，即榜眼，他品行正直，性格刚烈，很有勇气，素以正直敢言闻名朝野。他比范仲淹整整小二十岁，年仅三十二岁担任西北军政副长官，正是意气风发，踌躇满志。

韩、范这两位文章高手，各抒己见，引古论今，双方的奏章更像是学者战略思路的论文，而不像军人提出的实际作战计划。双方各说各的理，几乎没有对对方提出的任何理由给予正面的回应，而且双方的理由还有不少重合之处，以至于后人很难弄清楚：两人争得那么热闹，实际的分歧点究竟在何处。

仔细分析两个人的奏章，会发现范仲淹的思路还是比较明晰的，他的方案是一个彻底的全面防御的方案，不仅边境一线加修寨堡、甚至在关中腹部纵深也要修建城防工事，在本质上，和范雍奉行的防御主义战略如出一辙，只是范围更宽，措施更细而已。

反观韩琦的进攻战略，多有模糊不清的地方。他的奏章中，最大的篇幅是指出进攻的必要性与合理性，而对于进攻的目的、方式、需要承受的牺牲和付出的代价，却很少提及，甚至有意回避。如果把他的奏章中真正有实际军事意义的内容提取出来，会发现和范仲淹的思路在本质上居然没多大差别。韩琦的主张是，在鄜延路、环庆路、泾原路三路各组建起一支三万人以上的机动兵团，在春秋敌人准备聚集兵力进攻之时，主动出击，深入夏境，破坏其市场，招纳其部署，并将堡寨推入到西夏境内。这和范仲淹所主张的在沿边一带的防守浅攻，在战术上如出一辙。两个人的分歧点不在于"攻"与"守"，而只是在于攻得"深"与"浅"。范仲淹的"浅攻"概念是明确的，即进攻范围只限于沿边一带三四十公里的范围之内。但韩琦的"深"却没有具体的概念，深入到敌境多少才算是"深"呢？他没有具体的说法。而且深入敌境的目的也不是寻找元昊的主力兵团一举歼之，而是平行地推进堡寨要塞防线，目的似乎只是为了壮大声势，吸引蕃部归附。

从纯军事的角度看来，两个人的方案都不高明：都没有以元昊的主力野战兵团为作战对象，都没有以消灭敌人有生力量为作战目标，都主张平均使用兵力，全攻全防，不想付出任何代价，也形不成对敌人的绝对优势兵力，都不重视情报工作，不从实际敌情出发，而是根据自己主观意识到的"常理"臆断敌情。韩琦认为敌人主力兵团只有四五万人，范仲淹推测敌人春天战斗力薄弱，全是主观臆断，与事实情况严重不符。韩琦提出的趁敌人未行集结，便突入其境，但敌人在哪里集结？从何处集结？这些最基本的情报都没有，如果用兵，岂不是盲动！

宋朝的边地主帅，如范雍、韩琦、范仲淹等人都是儒臣，个个满腹经纶，却没有亲自带兵打仗的经验，所以对付元昊这只老狐狸总显得滞后。

好水川惨败

元昊对韩琦和范仲淹的"攻守之争"了如指掌。他知道，韩琦是进攻战略的主谋，打垮韩琦就打垮了整个宋朝的进攻战略。所以，他把主攻方向设在了韩琦驻防的泾州方向。他不太担心北面延州方向的范仲淹部会趁他大军南下之际偷袭他的首都兴庆府。因为他早就知道，范仲淹是防守战略的领袖，用兵一向稳重，是绝不敢冒此大险，深入敌境的。

但为了稳妥起见，他还是重施故技，分别向北面镇守延州（今陕西延安）的范仲淹和南面镇守泾州（今陕西泾县）的韩琦发出了求和的信息。他派往延安方面的是被他俘虏的原宋军塞门寨寨主高怀德。高怀德带来的是元昊想要求和的口信，范仲淹当然不信，他给元昊写了一封回信，要他拿出诚意，正式交出求和文件来，派人和高怀德一同送给元昊。

这封信写得洋洋洒洒，主要内容是指责元昊不该忘恩负义，背叛朝廷，谆谆教诲地："国家以仁获之，以仁守之者百世"，像你元昊这样好杀之人，是不可能得到天下的，你打了这么多年的仗，没有一座宋城愿意归顺你的，都拼力死战，足以证明我大宋天子，"仁及天下，邦本不摇"。所以，你唯一的出路是俯首称臣，归降大宋。元昊收到了书信，假装要思考一下，拖延不作答复。

韩琦接到元昊的求和信息后，不仅没搭理他，而且认为这是元昊的阴谋，来松懈我们的防务，所以应该加强戒备。这正是元昊想要达到的目的，稳住北线的范仲淹，让他等着元昊归降的正式文书；刺激南线的韩琦,让他加强戒备,一有个风吹草动就派兵出击。元昊太希望宋军出来了,坚守在城防工事里,元昊实在是奈何不得。

庆历元年(1041年)三月,元昊决定先动手了,派出几千兵力进攻怀远城(今宁夏西吉境内)。韩琦闻报,马上驰至镇武军(今宁夏固原),尽出其兵,又招募勇士一万八千余人,交予环庆副总管任福统领,以耿傅、桑怿为副将,朱观、武英、王珪各率所部从之。

韩琦在任福出发前交代得一清二楚:自怀远城经得胜寨(今宁夏西吉东南)直趋羊牧隆城(今宁夏西吉西北),出敌之后对西夏军发动攻击。各堡垒相距才四十里,道路便利,辎重在近,审时度势,能打就打,不能打就"据险置伏,要其归路"。韩琦所述,足见其成竹于胸,文韬武略,确实不同凡响。"及行,诫之至再。又移檄申约,苟违节度,虽有功,亦斩!"

庆历元年二月二十二日,宋将任福率轻骑数千先发,直趁怀远捺龙川(今宁夏固原彭堡),与镇戎西路的两位宋将合军,在张宗堡以南大败西夏部队,斩首数百。敌军丢弃马羊、骆驼无数,佯装败北,桑怿引骑兵追赶,任福紧跟其后。刺探情报的宋军尖兵来报,声言西夏兵很少,任福等人顿失警戒之心。宋将武英认为西夏兵可能潜伏,诸将不听。傍晚时分,任福与桑怿合军,在好水川(今宁夏隆德)屯军。朱观、武英也屯军于五里以外的笼络川(今宁夏西吉东南),相约"明日会兵川口,必使夏人匹骑无还"。其实,元昊率十万大军,已经沿瓦亭川南下,在好水川、姚家川西侧的谷口设下埋伏,先前西夏的败军,就是引宋兵深入的诱饵。

由于是轻装奔袭,未带足够的粮草,宋军人困马乏,沿好水川西行,出六盘山,在距羊牧隆城五里的地方,忽然发现已经列阵严待的夏军。诸将方知中计,势不可留,遂与之交战。前锋桑怿发现道中有好几个封闭紧严的银色泥盒,其中有跳跃扑腾之声,不敢打开。任福赶到,桑怿请示后才敢启开泥盒,只见成千上万只家鸽扑腾而出,盘旋于空中,于是夏兵四面涌来。

虽知中伏，宋军并未气馁，桑怿首先跃马冲阵，想给任福争取时间布阵。西夏部队毕竟是等候多时，准备严密，立刻派出铁骑轮番突阵，冲荡多时，终于把宋军阵型冲乱。宋军见势不妙，众将校还算稳重，各自指挥部众分头冲杀，想占据有利地形制敌。突然，山上忽然树起西夏创制的命旗鲍老旗，左挥，左边伏兵起；右挥，右边伏兵起。西夏的埋伏军士皆凭高而下，"自山背下击"，宋军士卒多被杀或堕下山崖摔死。先锋桑怿等人首先战死。同时，西夏又分数千精兵断绝宋军退路，形成合围之势。任福力战，身中十余箭，仍挥四刃铁简，挺身决斗。其属下小校劝他乘间突围，任福表示："吾为大将，兵败，以死报国尔！"最后，西夏兵涌上，乱战中一枪直贯其颊。任福知大势已去，抽刀自刎。

双方合战时，宋将王珪自羊牧隆城引四千四军驰援，在宋将朱观的军阵西侧布阵，并屡屡身先士卒，荡突敌阵，但西夏兵多，"阵坚不可破"，知道大势已去，王珪东望再拜以示必死之心，然后"复入战，杀数十百人，鞭铁挠曲，手掌尽裂，奋击自若，三次换马，击杀数十成百的西夏兵，最后眼睛中箭而死。敌军不断增兵，官军大溃，宋将武英、赵津等人相继英勇战死，士卒死者达一万余人。诸路宋军，惟朱观一部率千余人退保于民垣，凭掩护向四处射箭击敌，恰值日暮，西夏兵引退。此次战役，宋军前后损失任福等多名大将，士卒死伤七万多，消息传出，关右大震。

韩琦收拾宋军残部撤退回城，途中遇到数千阵亡将士的父母妻子哭于马前，手持死者遗下的衣物，焚烧纸钱，招魂哭诉："你们都是跟随韩招讨出征的，现在招讨回来了，你们的魂灵能跟着回来吗？"哀号之声震天动地。韩琦不胜悲伤，掩面而泣，驻马踌躇，许久不能前行。当初，韩琦与范仲淹争论"攻守"时，范仲淹说："以今观之，但见败形，未见胜势也。"韩琦说："大凡用兵，当置胜败于度外。"闻听好水川战败的消息，范仲淹叹道："当是时，难置胜败于度外。"

此役之后，韩琦再也不提进攻之策，反而成为范仲淹"守势战略"的坚定拥护者。

定川寨之战

好水川战后一个月，范仲淹才收到了元昊对他上封书信的答复，长达数十页，极尽侮辱谩骂之能事，范仲淹气得将原件焚毁，仅选录了六页还可入目的文字上报朝廷。

参知政事宋庠上奏皇帝，说范仲淹违反国家制度私自派官员出使西夏并送文书，按律当斩，宰相吕夷简等一批官员为范仲淹说好话，说他一贯忠于国家，只是想招降元昊，不应重责。仁宗皇帝听从了这个建议，没有严处范仲淹。

庆历元年（1041年）秋，宋廷免去夏竦的西北统师之职，分秦凤、泾原、环庆、鄜延为四路，以韩琦知秦州，王沿知渭州，范仲淹知庆州，庞籍知延州，分别领兵命将，抵御西夏的进袭。

范仲淹到庆州后，招抚诸羌，以诏书大行犒赏，诸羌都欣然听命。由于范仲淹曾为龙图阁学士，羌人敬称其为"龙图老子"。他又在庆州西北的马铺寨筑大顺城，并派遣其年方十八岁的儿子范纯祐与兵将前往，抵拒了西夏兵的数次侵扰。

深秋时节，兵强马壮之时，张元又撺掇元昊向镇戎军进攻，最终目的是经渭州长驱直入，进击关中地区，"东阻潼关，隔绝两川贡赋，则长安在掌中矣"。对于张元，元昊自然是言无不从，立刻又点集十万精兵，两路出兵，准备合师镇戎军（今宁夏固原）。

渭州知州王沿虽不太知兵，手下毕竟参谋不少，马上下令副总管葛怀敏率诸寨兵出御夏军，分兵四路，直奔定川寨（今固原以北，葫芦河以西）。同好水川之战一样，元昊早已在定川寨布置好埋伏，烧断河上木桥，堵住宋军的突围必经之路。

如同事先约定一样，阴历九月二十一日，葛怀敏刚刚与诸将于定川寨会合，四周顿时就涌出无数西夏兵马，拔栅逾壕，四合进攻。夏军又阻断定川水泉上流，截断了宋军的水源。无奈，葛怀敏只得硬头皮出寨，布下军阵。夏军猛攻中军，宋军不动。夏军掉头，又猛攻东北隅的宋将曹英一军。关键时刻，忽然吹起东北风，宋军迎风列阵，一时大乱，军阵遂溃，兵士皆掉头往定川寨里面奔逃。宋将曹英本人面中流矢，被射翻于城壕之中，葛怀敏手下亲军"见之亦奔骇"。更倒霉的是，由于宋军往回逃，正在阵中指挥的葛怀敏被溃兵挤下马，踩踏几死，幸亏卫士抬回寨中，"良久乃苏"。宋军逃回寨内，据守城门，杀掉不少夏兵，"敌众稍却，然大军无斗志"。

当晚，西夏兵在寨外四面举火，高呼要宋军投降。葛怀敏、曹英等诸将商议好久，也决定不了突围去哪边。直至凌晨，葛怀敏自己下决定，准备结阵而出，向镇戎军方向突围。有宋将认为应该迂回行军，葛怀敏不从，执意要直接突围奔趋镇戎军。

宋军还算英勇，近万人马冲出重围，向东南竟然还跑出二百里地。但是，到了长城壕一带，宋军发现西夏军早已切断退路，以逸待劳，从四面冲杀过来。激战过后，全部宋朝官兵近万人，包括葛怀敏、曹英等将领十六人，皆力战而死。

击败葛怀敏宋军，西夏军取得大胜，元昊"长驱抵渭州，幅员六七百里，焚荡庐舍，屠掠民畜而去。"幸亏诸路宋军坚壁固守，范仲淹率军来接，加之陕西诸路二十余万驻兵的牵制，以及吐蕃诸部在西夏背后的"埋伏"，元昊才没能重新上演一出五胡时代天翻地覆的大戏。

葛怀敏此人，是宋太宗手下名将葛霸的儿子。葛霸"姿表雄毅"，想必这葛怀敏样貌也是一表人才，但范仲淹早就奏称其"猾懦不知兵"。

史称，葛怀敏"通时事，善候人情，故多以才荐之。及用为将，而轻率昧于应变，遂至覆军"。太平时节，这个仪表堂堂的"高干子弟"自然可以在朝廷内外大显风光，但边庭战事危急，葛怀敏这种绣花枕头可就不行了，此人最终战死沙场，也算是条汉子。

定川寨大败之后，宋廷上下完全死心，再不做进攻的妄念，专心守土。特别是韩琦与范仲淹，"二人号令严明，爱抚士卒，诸羌来者，推诚抚接，咸感恩畏威，不敢辄犯边境"。而西夏因为多年战争，杀人一万，自损三千，国力大绌，民不聊生，故而暂缓了对宋朝的军事进攻。同时，由于宋朝答应每年增加辽国二十万"岁币"，辽朝好处拿到，不再向宋朝施压，反而"义劝"西夏收手。在此情况下，如果再发动大规模战争，元昊自己也不敢保证契丹人做出什么事情。

宋夏三次大战，皆以西夏胜利告终。总结原因，不外有如下几点：

其一，元昊总兵数虽少于宋军，但每次大战皆是集中优势兵力，一举歼灭宋军一部主力；反观宋朝，战线拖沓，兵源分散，被动应付。

其二，知己知彼，百战百胜。无论是宋军的动向还是作战地形，西夏军皆事先成竹在胸，反观宋军，数次贪功冒进，连间谍、尖兵侦知的情报都百分百不实，不败才怪。

其三，游击战术，转战不疲。元昊常常声东击西，偏师屡出，令宋军如堕云里雾里，乖乖受骗。

宋朝自开国以来便重文抑武，导致将才匮乏，外强中干，这是最根本的原因。

军中有一范，敌人心胆寒

庆历元年以来，西北边关虽战事不断且有几次败迹，但经仲淹、韩琦等人的精心筹划和全力督抚，事实上局面已经开始有了较大改观。到庆历二年末，重新经过一番调整部署，更是规模完备了。

与此同时，朝廷也改革了原来由朝廷遥控指挥军事的弊政，准许仲淹、韩琦如有紧急军务来不及请示朝廷时，可以便宜处置。关于这一点，此前晏殊、张方平、文彦博都向仁宗提出过自己的建议。晏殊在接任枢密使时就建议由枢密与参知政事合议边事并废除内臣监军制度，给边帅以实权。张方平上书朝廷，提出"合枢密之职于中书"。文彦博则认为，西北边关受到西夏侵扰以来，军务仍然由朝廷遥控，边关将帅连处罚那些临阵畏缩、不战脱逃者的权力都没有，号令难行，赏罚不速，无法鼓励士气，惩戒殆惰。这种情况不改变，是很难打胜仗的。朝廷接受这些建议，终于改变了原来一直严格由皇帝制控兵权的做法，给仲淹、韩琦以便宜处置的主动性。这对于边关战事无疑是有好处的。

仲淹与韩琦主持西北边事，携手不疑，世称"韩范"。他们部署得当，号令严明，爱抚士卒，使边关将士能戮力同心，西夏再也不敢小觑北宋边军。当时边上就流传着这样一首歌谣："军中有一韩，西贼闻之心骨寒；军中有一范，西贼闻之惊破胆。"在仲淹、韩琦的共同经略之下，真的在"不数年间"使边事逐渐趋于平定了。

在抓紧边关军事部署及边军建设的同时，仲淹更着力于边关长远建设。他一方面大力修筑边关堡寨，另一方面十分重视少数民族的安抚、团结工作。泾原路原州（今甘肃镇原）有明珠、灭藏、康奴三个羌族部落，拥兵数万，势力最大，且与西夏往来很多。泾原路曾经筹划以武力进剿，使之臣服，仲淹反对如此做法。他上书朝廷，认为这些羌族部落据险而守，攻之不利。且他们平时即心怀反侧，武力之下，他们更是要和西夏联手，互为表里，南入原州，西扰镇戎，东侵环庆，边患也就没有可以止息的时候了。他建议可以北取细腰、胡芦，在此修筑堡寨，这样既断绝这些羌族部落与西夏的往来，又能保护他们不受西夏侵扰，使他们能够安定。而且如此一来，还同时打通了环州与镇戎间的通道，使边关防务能够成就首尾之势，边事也就可以无忧了。仲淹与韩琦同领陕西四路军事，按计划乘西夏不备，全力占取细腰、胡芦并修筑堡寨，实现了这一构想。细腰、胡芦等堡寨修成，不仅断绝了西夏与这些少数民族部落的往来，仲淹还在他们之中招募被称为"熟户"的归化者作弓弩手，在寨城周围分给他们土地，给予优惠尽量使他们得以富足。这些弓弩手后来成为边军劲旅，战斗力远远超过属于朝廷直接统辖的陕西"禁兵"，以至西夏兵再也"不敢辄犯其境"了。

仲淹对这些少数民族部落都真诚相待，"诸羌来者，推心接之而不疑"，据欧阳修撰《范公神道碑》，当时为控制羌族部落，军帐中常留住有羌族酋长的儿子为人质，但仲淹并不把他们作人质看，让他们自由出入于军营，而这些人也没有一个逃走，而有蕃酋来见，仲淹常召入卧室之内，撤去警卫，"与语不疑"，与他们结下深厚友情。

《宋史》载，由于仲淹"为政尚忠厚，所至有恩"，以至"鄜、庆二州之民与属羌，皆画像立生祠事之"。仲淹去世以后，消息传至边关，边境羌族酋长及部落居民数百人，到仲淹祠堂祭奠他，"哭之如父，斋三日而去"。

狄青的遭遇

在仁宗年间，北宋还出了一位名将，就是狄青。他曾得到范仲淹的赏识，在对西夏的战争中立下赫赫战功。

仁宗得知他的威名和事迹后，打算召他进京询问御边方略，后因战事紧迫，狄青难以离开前线，就让他画出作战地图送至京师。狄青士兵出身，当时脸上仍然留着从军时的刺字。仁宗曾专门下诏让他将脸上的刺字印记用药除去，狄青却这样回答仁宗："陛下以功擢臣，不问门第，臣所以有今日，是因为有这印记，臣愿意留着印记，用以激励军心，所以不敢奉诏。"仁宗由此更加器重和信任这名爱将。宋夏议和后，仁宗便立刻将狄青升为马军都指挥使，后又授以枢密副使。

皇祐年间，广源蛮侬智高入侵，先后攻陷宋朝数州之地，并围困广州达两月之久，朝廷派遣的增援部队屡战屡败，仁宗感到极度失望，又一次想到了狄青。狄青也在仁宗最需要他的时候主动请战，并向仁宗保证，有能力平定叛乱，慨然说道："我起自行伍，要报效国家，唯有上阵杀敌，愿亲率大军，前往平叛，誓将贼首捕获，押至殿门之下。"仁宗听罢狄青的陈述，非常感动，似乎看到了宋军胜利的希望，便让狄青统一指挥岭南诸军。

狄青到前线后，最初按兵不动，令大军休整10天。侬智高得到情报，放松了警惕。不料狄青在侬智高防守松懈的第二天，一昼夜急行军，率大军越过了昆仑关，在归仁铺摆好了阵形。侬智高失去了昆仑关天险，只得拼死力战，其兵势很盛，宋军前锋孙节力战而死，前阵眼看抵挡不住，诸将大惊失色。这时，狄青从容站起，手持一面白旗向上一挥，他从西北带过来的蕃落骑兵从左右两侧同时杀出，直插敌阵。至此，侬智高军全线溃败，狄青挥军掩杀50里，直下邕州城。

有关狄青与侬智高归仁铺之战，宋人笔记的记载很是丰富，战况非常精彩，其中尤其强调了狄青善于用智。如在大战前，狄青为了鼓舞士气，暗地里准备好一枚两面均相同的铜钱，誓师时，便用这枚铜钱当众占卜道，若得正面，我军必胜。结果连掷数次，尽得钱的正面，使军士以为必有神助而信心大增；又如连续三夜大设宴会，命军士夜里尽情歌舞，自己则假借醉酒的名义，退席而暗夺昆仑关。其事虽不一定全是事实，但至少表明狄青是一位有勇有谋的战将。

狄青能顺利讨平侬智高，除了自身善于用兵，另一方面则离不开仁宗的信任。时人曾有这样一段精彩的评论："为将之道有三：曰智、曰威、曰权。"观狄青讨伐侬智高，狄青可谓是能施其智而奋其威，在当世都是绝无仅有的。然而狄青之所以能够有这么好的发挥，是由于仁宗将指挥大权授予了他。这就是得君之权的典型。假使狄青没有得到君主的专任之权以方便他行事，他何以会创下如此辉煌的战功。

按宋朝惯例，武将领兵出征，一般要遣文臣为副，以宦官监军。仁宗却毅然破例行事，独任狄青全权负责岭南军事。至捷报传来，仁宗大喜道："朕常观魏太祖曹操雄才大略，然而多是谲诈的手段；唐庄宗李存勖也算是豪杰，行军打仗，基本上没有失败的，但即位后，沉迷于游猎而没有节度，对臣子的赏罚也不讲规则。这两个皇帝，只具备将帅之才，而无人君之量，可惜啊！"显然仁宗对自己知人善任很是得意，在狄青征南凯旋不到一个月，更是力排众议，升其为枢密使。

仁宗欲拜狄青为枢密使时，朝野舆论大哗。宰相庞籍援引了祖宗先例，劝说仁宗道，曹彬战功卓著，但太祖当时也只是赏赐给他大量金帛，而未予枢密使职位。然而，仁宗居然在大臣们极力反对的情况下，仍将没有什么过失的枢密使高若讷罢免，以狄青补枢密使。狄青被拜为枢密使，何以会有如此的轰动？其原因之一是升迁的速度过快，二则是以武人的身份擢升为枢密使。这两条均与赵宋的祖宗家法相左，完全违背了太祖立国以来防制武人的国策。枢密院为掌控军政的最高权力机构，在崇文抑武的宋代，自太祖、太宗以来，武臣出掌枢密院渐成忌讳，最后形成专以文臣为枢密使的惯例。仁宗这一有悖常理的任命为狄青的人生悲剧埋下了伏笔。

狄青由于仁宗的鼎力支持，得到这一不寻常的升迁。这一现象既未被朝中大臣所接纳，也引起朝野上下对狄青举止的瞩目和揣测。一次，狄青家夜间焚烧纸钱祭奠祖先，事先偶然忘记了通知负责消防的厢吏，结果厢吏连夜报告开封府。虽然府吏迅速赶到时，火已灭了许久，但第二天，城中便盛传狄枢密家夜有怪光冲天。显然，狄青家中的任何异动都会成为控制社会舆论的文人们的谈资和口实。家中夜有怪光冲天，这在中国古代涉及到非常严肃的政治问题，常被看作臣子有图谋不轨之心的自然表象，甚至更被视为改朝换代的征兆。在这种情况下，狄青已然成为功高震主的人物，因而这些谣传对他具有极强的杀伤力。

除此以外，各种类似的传闻也相继而起，有人说狄青家里养的狗也长出了奇怪的角；更有甚者，还有人在京师发大水时，见到狄青身穿黄衣坐在相国寺的大殿上，这无异于给狄青穿上了帝王象征的"皇袍"。这些谣传除了因为至和、嘉祐年间盛行谶纬巫术外，主要还是基于政治上的不安，朝中大臣甚至包括当年相当赏识狄青的名臣韩琦，普遍担忧狄青有可能功高震主，篡夺皇位。这种担忧正是宋代崇文抑武的必然结果。

对种种关于狄青的传言，仁宗虽然并非全信，群臣对狄青的攻击和猜测，仁宗也一直有所保留，但他毕竟不能无动于衷，因为这些终究都直接关系到自己的皇位和性命。终于，至和三年（1056），性情文弱的仁宗又一次在极度的矛盾中，在朝野舆论的巨大压力下做出了无奈的决定，罢狄青枢密使，出外知陈州。

狄青不久便在陈州郁郁而终，年仅五十岁。

狄青死后得到非常高的荣誉和礼遇，这是仁宗对一代名将的最后交代，更是他内心无限愧疚的流露。但是，这有什么用呢？

宋朝时候，由于崇文抑武的风气，武将的地位很低。

狄青在定州做副总管时，一天赴知州兼安抚使和都总管韩琦的宴会，有个侍宴的妓女名曰牡丹的向狄青劝酒说："劝斑儿一杯。"意在讥笑他脸上的黥文，因为他早年是从普通士兵干起的，当时士兵脸上都有刺字。第二天他把白牡丹打了一顿板子出气。一个妓女居然敢当面讥笑总管，可见出身兵士的人如何被人轻视了。后来他由延州知州入为枢密副使，枢密院派人迎接他，等了几天，他还没有来。迎接的人骂道："迎一赤老，屡日不来！"原来开封一带俗称士兵为赤老，因此许多文人都称他为"赤枢"。这也可见士兵出身的人，就是做到了执政高官，仍不免要被人瞧不起的。

在宋代崇文抑武的积习之下，文臣是很瞧不起武臣的。宋真宗时，善弓矢的词臣陈尧咨，曾打算应真宗之命，改授武职和契丹的使者比射。尧咨的母亲知道了，大为生气，用棍子打尧咨说："你父亲以文章立朝为名臣，你岂可贪图厚禄而改授武职，有辱门庭？"尧咨也就不敢应命了。在这种崇文抑武的社会风气下，文臣如何不气焰万丈呢？

狄青在定州做副总管时，便很受上司韩琦的气。有次韩琦要杀狄青的旧部焦用，他立在阶下为焦用求情说："焦用有军功，好儿。"韩琦说："东华门外以状元唱出者乃好儿，此岂得为好儿耶！"就在他面前把焦用杀了。他不堪韩琦的欺负，每说："韩枢密功业官职与我一般，我少一进士及第耳。"在我们看来，狄青的功业远过韩琦，少一进士及第不算什么。但在当时，少一进士及第，硬不得不低头受气了。

狄青做枢密使时，文彦博为同平章事。文彦博的为人，远不如韩琦，而加给狄的压迫，则比韩琦更厉害。文彦博借口民间的流言和兵士们对狄青的爱戴，劝宋仁宗免掉他的枢密使的职务，命他出典外藩。这和贬逐差不多，狄青不愿出去。宋仁宗也觉得他的功高，不忍这样处置，对文彦博说："狄青是个忠臣。"文彦博说："太祖岂非周世宗忠臣？"

这一句话说得宋仁宗哑口无言。

仁宗终于解除了狄青枢密使的职务,让他出判陈州。将星终于陨落。

狄青之死,不是明显地被杀,实际是被时代和环境杀死了。

庆历风云

宋夏议和

庆历三年（1043年），自正月开始，朝廷政局就开始发生变化。

变化从西夏主动遣使议和开始。正月，元昊派使臣至延州，并携有西夏求和国书。仁宗马上表示愿意接受西夏议和建议，并将谈判的全权交给鄜延路经略安抚使庞籍。第二年，双方达成和约。

和约规定：西夏向宋称臣，元昊接受宋朝的封号；宋夏战争中双方所掳掠的将校、士兵、民户不再归还对方；从此以后，如双方边境的人逃往对方领土，都不能派兵追击，双方互相归还流民；宋夏战争中，西夏所占领的宋朝领土以及其他边境蕃汉居住地全部归属宋朝；双方可在本国领土上自建城堡；宋朝每年赐给西夏银五万两，绢十三万匹，茶两万斤；另外，每年还要在各种节日赐给西夏银二点二万两，绢二点三万匹，茶一万斤。仁宗同意了元昊所提出的要求。于是，宋夏正式达成和议，史称"庆历和议"。这次平等和议换得了宋夏将近半个世纪的和平，一直维持到了宋神宗、宋哲宗时期。总的来说，庆历和议对维护宋夏之间的和平发展起到了很大的作用。

边境太平了，朝廷又开始宰执大臣的调整。

庆历三年初，孙沔上书弹劾前后三次为相、执政多年的吕夷简，指责他"黜忠言，废直道"，姑息侥幸，任事推诿，致使郡守县令称职能事者十不得一，且法令无常，士民嗟怨。上书中希望仁宗乘边事渐息之机振修纲纪，选贤与能，以求国事振兴。此前吕夷简已因病上书请求退休，他任宰执多年，本来一直为仁宗所倚重，但这次仁宗接受了他的辞呈，准许他因病退休。三月，吕夷简罢相，由章得象接任相职，同时擢杜衍为枢密使，任命富弼为枢密副使。

富弼是洛阳人，生于景德元年（1004），年少时就表现出远大志向，擅写文章，被誉为"洛阳才子"。当时范仲淹已经颇有名气，认识富弼后，对富弼大为赞赏，说他有"王佐之才"，把他的文章推荐给当时的宰相晏殊。晏殊是奇才，不到二十岁就考中进士，他看了富弼的文章也大为赞叹，就问范仲淹："这位洛阳才子可曾婚配？"范仲淹回答："尚未婚配。"晏殊满意地点了点头。当时晏殊尚有一女待字闺中，正托人从中撮合，富弼终成为晏殊的东床快婿。仁宗年间恢复制科，范仲淹对富弼说："你应当通过这种途径进入仕途。"富弼于是应试，以茂才异等及第，授将作监丞、签书河阳判官，从此步入仕途。

富弼与仲淹志为同道，义兼师友，也是一位许国忘身的人。庆历二年，宋辽发生关南十一县的领土之争，朝廷择使使辽，不少人以前途难料，不敢领命，吕夷简便举荐了富弼。当时欧阳修以此次出使实在危险，不同意富弼出行，富弼自告奋勇，入见仁宗，说"主忧臣辱，臣不敢爱其死"，主动请求使辽。他以增加岁币为条件，据理力争，拒绝割地要求，维护了宋朝的利益，也赢得了辽朝上层的敬畏。

四月，仲淹、韩琦同时被任命为枢密副使，移调京师。

这一次的任命，对于仲淹、韩琦来说，既出乎他们的意料，同时也是他们不愿意接受的。原因无他，边关还没有真正归于平静安宁，他们还不能相信西夏真的就能从此罢兵休战。为此，仲淹与韩琦连续五次联名上书朝廷请辞枢密之职，希望能够得到允许继续留任边关。在他们看来，自西北边关有事以来，边关主帅数次改易，这本来就是用兵之大忌，但边将乏人，朝廷不得已而如此，也情有可原。只是他们自己自康定元年至今，任事边鄙已历四载，经划边事虽无大的成效，但军中之事，已经基本谙熟。如今虽然西夏请和，但是否有翻覆，难以预料，所以不想使边关易帅，给敌人可乘之机。

在数次上书中,仲淹、韩琦也一再申述,对于个人来说,处劳而思逸,重内而轻外,本来是人之常情。就他们自己来说,自从莅临边事,"久阻阙廷",此次能得召赴阙,参决朝政,本来也是心之所望。如今再三请辞,不肯进京,在旁人看来,也许有些过于矫情。但事关边境安宁,国家安危,实在利害甚明,情出无奈。他们希望朝廷能够理解他们的一片忠诚,准其所请。

朝廷这一次没有接受仲淹、韩琦的辞让,仲淹、韩琦在无可奈何中踏上去往京师的路途。

自景祐四年(1037年)十二月因言忤宰相被贬出京师,到此时应召赴阙,弹指间已经是六个年头。这六年,范仲淹从东南州郡大跨度地到了西北边塞,由一名文官变为镇守一方的边帅,真是让人感慨万千。

中枢调整

仲淹、韩琦终于应召赴阙，至京师到任。到京不久，仲淹又由枢密院入中书，进参知政事。

仲淹这一次应召赴阙，是应该可以大展宏图、成就一番更大的事业的。这不仅仅是因为他以枢密副使入中书参知政事，已经事实上位列宰执，而且，这一次朝廷执政大臣可以说来了一个大换班。吕夷简去职之后，新任相职的是晏殊、章得象，杜衍任枢密使，韩琦、富弼为枢密副使。这些当朝执政者，可以说大体都是当时堪称贤明之士。

从年龄层次来看当时的宰执班子，首相章得象与枢密使杜衍六十开外，另一宰相晏殊与参知政事范仲淹五十出头，其他如韩琦、富弼等都在三四十岁之间。

再来看他们的政治倾向。晏殊虽与范仲淹同属中间年龄段，但他以神童入仕，出名颇早，天圣时已做到枢密副使，范仲淹、韩琦和富弼都是他推荐进用的，他还是富弼的老丈人，在人际关系上，他与改革派相当密切，但在政治态度上，却比较持重保守。相比之下，倒还是年龄比晏殊大十来岁的杜衍的思想开通些，他是新入馆阁的著名诗人苏舜钦的泰山，对范仲淹和富弼抱有好感，但对范仲淹那些年轻追随者，例如石介、欧阳修的某些过激言论并不以为然。章得象为人也是有原则的，《宋史》载，他"在中书凡八年，宗党亲戚，一切抑而不进"。他看到仁宗进用范仲淹、韩琦和富弼，让他们经划当世急务，尽管与后一辈有着代沟，却也能够涵容。

早在仁宗亲政初年，范仲淹就以直言敢谏而被吕夷简指为朋党的核心人物，而今他位居执政，在处理西夏问题上也表现出远见卓识，在台谏与馆阁中有一大批都是他的追随者，他那"先天下之忧而忧"的忧国忧民的担当精神，都使他成为众望所归的政治改革的领袖。

谏官职任也有了新的调整，欧阳修、蔡襄、余靖、王素等人被任命为谏官，时称"四谏"，亦誉之"四贤"。

欧阳修是北宋文坛的领袖人物，蔡襄是宋代最为著名的书法家，余靖在景祐中仲淹遭朋党之灾被贬时也因直言反对而被逐。王素是北宋名相王旦第四个儿子，正直敢言。宦官王德用向皇帝进二女子，王素建议皇帝将她们从自己身边遣开，皇帝舍不得，说这两个人已经侍奉自己左右很久了。王素直言道："臣之忧正恐在左右尔。"北宋时期，谏官是一个重要职务，在政治生活中起着不可小觑的作用。它与御史台丞合称"台谏"，有权就任何朝廷大事发表意见，并对宰执大臣以至皇帝的不当加以谏止。

范仲淹、韩琦这一次应召赴阙，表面上看来是得到了大展宏图的机会，其实也埋下了不那么顺利的种子。比如以夏竦为首的被退一党，从一开始就对杜衍、范仲淹、韩琦等人心存恼怒，而且目标确定之后就积极谋划着伺机出击。这里的直接原因，是任命给杜衍的枢密使之位，原来是任命给夏竦的。此前夏竦由陕西召回判知蔡州。他在被解除陕西经略安抚使的职务时，就曾被任命为枢密使，由于吕夷简的反对，才判知蔡州。夷简因病求退，为消除旧怨，向仁宗推荐了他。召夏竦为枢密使的任命下达后，遭到来自朝野内外很多人的反对，说他任边帅期间办事不力，胆小畏缩，一无建树，且有暗交内侍的形迹。于是夏竦由蔡州改知亳州，杜衍由枢密副使擢为正使。

夏竦是一个贪恋禄位之徒，遭此打击，自然不愿意也不会善罢甘休。知亳州时他就上万言书以自辩，他的自辩被批上"图功效莫若罄忠勤，弭谤言莫若修实行"驳回。这等于是指责他只以功名为念而缺乏实实在在的勤勉务实。夏竦自然是怨恼交加。知亳州期间他与内侍宦官蓝元震相互勾结，遥相呼应，里应外合，祭起朋党这把刀子，以杜衍女婿苏舜卿等人"进奏院祠神事件"为由，从被仲淹等人推荐的人开始，直到仲淹、富弼以及欧阳修等，一一打倒，致使由仲淹主持的北宋历史上著名的"庆历新政"，在不到一年的时间里就全部付之东流。

条陈十事

庆历三年(1043)九月,仁宗颁布手诏,点名要求他新提拔的范仲淹、韩琦和富弼条陈奏闻可以实行的"当世急务"。数日以后,范仲淹就呈上了《答手诏条陈十事》,标志着庆历新政拉开了序幕,而这篇《条陈》则被视为这场改革的纲领性文献。

他所条陈的十件事,一曰明黜陟,二曰抑侥幸,三曰精贡举,四曰择官长,五曰均公田,六曰厚农桑,七曰修武备,八曰减徭役,九曰覃恩信,十曰重命令。其内容大体可以归纳为整顿吏治(一、二、三、四、五、九、十诸条)、发展经济(六、八两条)和加强军备(第七条)三个方面。可见这是一次以吏治整顿为中心的政治改革。因此不妨先说其吏治整顿的具体措施。

其一,改革官吏磨勘制度。此即"明黜陟"的内容。宋代文官以三年、武官以五年为期,将政绩送中央考课院磨勘,无大过失,例行迁转,年资几乎成为升迁的唯一标准。十月,朝廷制定了磨勘新法,严格考核办法,延长磨勘年限,择优破格升迁。

其二,改革恩荫任子制度。此即"抑侥幸"的内容。官员子孙以门荫得官的任子制度,宋代是其恶性发展时期,皇帝生日、南郊大礼乃至官员退休、死亡,都可以为子孙乃至门客求得一官半职。宋代冗官问题,这也是原因之一。不久,朝廷出台了新荫补法,作出不少限制性规定:皇帝生日不再荫补;长子以外的官员子孙年满十五,官员弟侄年满二十，才有荫补资格；荫补子弟必须通过礼部考试才能入仕为官等等。

其三，改革科举学校制度。此即"精贡举"的内容。庆历四年，朝廷实行科举新制。规定举子必须在校学习三百日，才能参加州县试；参加州县试的士子必须有人担保其品质无大问题；考试内容改以发挥才识的策论为主，诗赋为辅，取消记诵为主的帖经墨义（帖经即以纸帖盖经文，让考生背诵；墨义即背诵经文的注疏）。这项改革的基本精神是把科举与学校教育结合起来，让科举制度能够选拔出合格的治理人才。与此同时，朝廷明令全国州县立学，一时间，州县学犹如雨后春笋。中央也在原国子监基础上兴建太学，成为最高学府，延聘孙复、石介等鸿儒执教，生源名额从七十名增至四百名，进入前所未有的发展期。史称"庆历兴学"。

其四，严格选任地方官员。此即"择官长"的内容。地方长吏的贤否关系到一方百姓的休戚，范仲淹主张将年老、多病、贪污、不才四种不合格官员一律罢免。他命各路转运按察使按察本路州县长吏，京东转运按察使薛绅的四名部属专门奉命搜集各州县地方官的过失，官员们称之为"京东四瞪"。范仲淹自己圈定全国监司名单尤其严格，见有不合格者，即以笔圈去，富弼也感到他苛刻，提醒他："一笔勾去容易，你不知道被勾去的一家都要哭了？"范仲淹回答："一家哭总比一路哭要好吧！"

其五，纠正职田不均现象。此即"均公田"的内容。真宗时，国家向官员授职田，以补薪俸不足，但在实施中也出现了分配不均和扰民现象。范仲淹认为职田有助于官员廉洁奉公，主张朝廷派员检查并纠正职田不均现象，责其廉节，督其善政。

其六，强调诏敕政令信用。此即"覃恩信、重命令"的内容。范仲淹要求仁宗下诏，今后皇帝大赦的宽赋敛、减徭役等项，各级官府不能落实，一律以违制论处；而政府颁行的条贯法规，敢故意违反者，也以违制处罚。

发展经济的措施共两条。其一为兴修水利，以"厚农桑"。具体做法是在每年秋收以后，朝廷行文诸路转运使，督导州县开河渠、筑堤堰、修圩田，以期救水旱，丰稼穑，厚农桑，强国力。其二为省并县邑，以"减徭役"。范仲淹指出，县份划分过细，管辖人口太少，势必造成官吏人数多、人民负担重。庆历四年，河南府（治今河南洛阳）试点撤并掉五县，并准备将这一做法逐渐推广全国。

加强军备的措施仅一条。范仲淹建议恢复唐代府兵制，在京师附近招募五万民兵，每年三季务农，冬季训练。这样，国家既不需耗费巨资募养禁兵，又能在敌军突然入侵时，随时组织军队，进行抗击。这条措施未及实际施行。

总之，庆历新政的核心是吏治改革，唯有这一方面的具体措施不少都立即付诸实施，也在某种程度上损害了官僚集团的某些既得利益，引来了不少反对的声音。反对派首领是前朝老臣夏竦，"朋党"是反对派挥舞的大棒。而改革派在策略上的失误也激化了错综复杂的矛盾，促成了改革派与反对派两大阵营的力量消长。

先拿官制开刀

"庆历新政"是以改革官制为发端的。

十月,仁宗下令中书门下、枢密院重新拟定磨勘之制,重定宗旨即革除仅凭年资授官进秩的弊端,要求以实际德能劳绩为官员升迁的依据,德能兼备而有实绩者可"不次升拟",而无能亦无所称者,可至老不迁。

十一月,根据仲淹的建议,对荫补之法也作了修改,对可得荫补者任职年限、官位品级、可奏荫补的相应职衔以及被奏补子弟的年龄、数量都作了重新规定,而且特别强调,所有得奏荫补的人都必须参加相应考试,"内及格者,方与差遣。"若"三度就试,词业纰缪,对议不及格",则"不理选限"。宗旨即控制以恩荫滥补。

与此同时,仲淹还奏请朝廷派人主持重新删定审官院、三班院和吏部流内铨铨选官员条例。这三个院、部是主管官员铨选的重要部门。审官院负责京朝官铨选,三班院负责武官铨选,吏部流内铨则负责幕职州县官的铨选。北宋自立国以来,文武官员的考察、任用规制几十年间有过几次变化,旧例不废,新例又增,条例既多且乱,就连这些部门的主官都不一定弄得明白,为官员铨选过程中的徇私任情留下很多漏洞。仲淹以为这种混乱必须从速整顿,要有得力人选负责,会同各部门主管官员,对这三个衙门前后发出的所有条例进行彻底清理,重行删定划一。庆历四年春,曾公亮被任命负责此项工作。曾公亮确实是一个很得力的人。史载他任知县、知州时，所到之处均为政有声。熙宁时他与王安石同列宰执，是王安石变法的得力支持者。

"庆历新政"就以这一系列的改革措施为发端，轰轰烈烈地展开了。随着磨勘和荫补制度的重新修订，也开始了知州，知县的考察和选任。早在天圣五年仲淹丁忧南京冒哀上书执政王曾时，就提出过慎择州、县以救时弊的主张。仲淹以为，州、县为亲民之官，其是否得人，直接关系到生民疾苦。州县不择，容非才贪浊、老懦无能者在位，或贪赃枉法，或不堪其任，以至天下"赋税不均，狱讼不平，水旱不救"，造成士民起事，自图生存，实为致乱之源。他建议朝廷派出能吏任为转运使、提点刑狱，到各路逐一考察地方官员的德能劳绩，将那些胡作非为或老病昏昧者尽行罢除。

庆历三年十月，根据仲淹建议，朝廷任命张昷之、王素、沈邈为都转运按察使，分别派往河北、淮南、京东三路，行考察官吏之事。张昷之曾提点淮南刑狱，不惧受皇帝信任的亳州知州杨崇信的威势，将被他恃恩不法诬陷入狱的蒙城知县王申解救出狱。王素曾直言谏止仁宗为庆贺得子而要进秩百官的动议，传为佳话。沈邈曾任侍御史，在谏官欧阳修等谏罢夏竦枢密使的任命时，他也是一个积极的参与者，并曾直接上书仁宗，指斥夏竦与宦官刘从愿相互勾结，外传机密，阴为诡诈，企图擅权朝政。这三位都是敢于仗义执言，不惧权势的人，而且也是仲淹改革官制以绝非功授官之弊的积极拥护者。

范仲淹坐镇中央，每当得到按察使的报告，就翻开各路官员的花名册，把不称职者的名字勾掉。在范仲淹的严格考核下，一大批尸位素餐的寄生虫被除了名，一批干才能员被提拔到重要岗位，官府办事效能提高了，财政、漕运等有所改善，暮气沉沉的北宋政权开始有了起色。朝廷上许多正直的官员纷纷赋诗，赞扬新政，人们围观着改革诏令，交口称赞。

仲淹所求，自然在于要以那些尸位侥幸之徒的丢官失禄之"哭"，换来一方生民百姓的安居足食之乐。无论如何，为官不正或为官无能、贻害一方，首先也是最直接的受害者，总是那一方土地上的生民百姓。这样的官吏越是官位稳坐而无虞，那一方土地上的百姓就越是水深火热而堪忧。只为他们能一家安享禄利民膏而晏乐常有，万家墨面也就只能徒唤奈何，或哀泣动地了。

《尚书》曰："德惟善政，政在养民。"几千年前由先哲道出的这八个字，实实在在提出了一个衡量一种政治之好坏如何、昌明与否的终极标准。为官不正或为官无能，民不得养以至千家鬼哭，万户萧疏，这样的政治要想不隳不毁，那才真正是怪事了。从这个角度看，仲淹的"一家哭总比一路哭好"，放到任何一个时代，都可谓不刊之论。

而且，从本质上看，任何一种社会政治的改革，都是一种社会权力的再分配，因而也是一种社会利益的再分配。一种趋近于符合社会发展要求和大多数人利益的改革，总是以剥夺少数既得利益者的权益为前提的。不能设想还有一种可以保持原有秩序的改革。因此，任何一种改革也必然会是有歌有哭的——那些只为一己私利贪占禄位的人，怎么可能不哭呢？纵观历史上的任何一次改革，在得到一些人的拥护的同时，也都无一例外地遭到另一些人坚决的、有时甚至还是十分激烈的反对，原因也大约正在于此。

不过，仲淹在如何推行自己的政治改革的问题上，是否也因求治心切而有些急躁冒进了呢？

事实上，仲淹所面对的并不只是几个或一批不堪任事的无能官吏，而是一个庞大的封建专制政体。他所勾去的那些个让"一路哭"的官吏，本身就是支撑这个政体的不可缺少的部分，而所谓磨勘，所谓恩荫，自然不能要求仲淹能够从这一角度来看待他所要进行的改革。但是，他至少应该看到，北宋一代，数十年积弊，一朝兴革，实在不是晨夕之间所能成就。俗话说，病来如山倒，病去如抽丝。社会痼疾的形成，本来就是日积月累，自然也就不能奢望一朝一夕就能尽皆得到医治。往大处看，社会历史前进的轨迹本来就是曲曲折折的，历史的车轮也只能沿着这曲折的轨迹运行，不能急躁，更不能冒进，弄不好，会脱轨翻车。往小处看，人世间的许多事情，本来也是急不得的，譬如饭要一口一口地吃，我们都不能一口吃出一个大胖子。孔子说："欲速不达。"孟子说："其进锐者，其退速。"说的都是这个道理。

依情理而论，仲淹绝不会不明白这个道理的。只是就事论事，他也确实是因为求治心切而忽视了这一场改革新政将会引发的危机。《资治通鉴长编》云：仲淹"以天下为己任，遂与富弼日夜谋虑，兴致太平。然规摹阔大，论者以为难行。及按察使多所举动，人心不自安；任子恩薄，磨勘法密，侥幸者不便，于是谤议浸盛，而朋党之论滋不可解"。这里所说的"不自安"者，其所涉及，自然是可以具体分析的。事实上，那些所谓的"不自安"者，其实大都是那些可能被朝廷派出的转运按察使弹劾罢官的官吏。但是，这里所说的仲淹所行兴事"规摹阔大，论者以为难行"；却是客观的。事实是这一场轰轰烈烈开始的庆历新政从庆历三年十月至四年八月止，不到一年时间，就在朋党之论的攻击下，以仲淹罢参知政事，富弼等被贬出京师而宣告结束。而且，前面已经实行的那些改革，也随着这些新政中坚的罢去而一并罢去，一切又都大体恢复原样——真应了孔、孟所言："欲速不达。""其进锐者，其退速。"

政敌的反攻

新政开始不久,知谏院欧阳修就上书指出两制官中奸邪者未能尽去,并指责两制推荐的御史台官"多非其才"。欧阳修早在明道"朋党"风波中就与范仲淹同为"四贤"之一,他的这一上书,尽管只代表他个人激烈的主张,却理所当然地被人视为传达范仲淹改革派的倾向,这就把两制官与以王拱辰为首的御史台官都推向了改革派的对立面,使得在改革吏治上原来可以合作的御史台与政府的关系一下子形同水火。

监察御史梁坚弹劾权知凤翔府滕宗谅和并代副都部署张亢贪污公使钱,这两人向为范仲淹所器重,矛头所向十分清楚。公使钱是宋代特有的一种官给,有点类似官衙的小金库,虽大部分不能私入,但在实用上有不少模棱两可的余地。范仲淹不惜辞去执政之职为滕宗谅辩护,权御史中丞王拱辰也以辞职相要挟,并立即付诸行动,不到御史台供职。仁宗对滕宗谅在景祐初政时指责他"日居深宫,流连荒宴"记忆犹新,在台府之争中倒向了王拱辰,将滕、张两人贬官。

范仲淹入京参政后,郑戬出任陕西四路马步军都部署。他既是仲淹的连襟,也赞成筑城固守的方针,因而支持静边砦主刘沪修筑水洛城(今甘肃庄浪)。但郑戬不久调离,新知渭州的尹洙原属韩琦主攻派,反对筑城,双方各有所恃,发生激烈冲突,尹洙命狄青率兵拘捕了刘沪。水洛城之争实际上是范仲淹的主守派与韩琦主攻派不同政见的延续,两位新任要人为自己器重的经世之才各执一词,最后仁宗只得将尹洙和狄青调离他用,平息了改革派内部的纷争。

就在这场纷争的高潮中,仁宗问范仲淹:"自古小人结为朋党,也有君子之党吗?"范仲淹回答:"朝廷有正有邪,倘若结党而做好事,对国家有何坏处呢?"其后不久,欧阳修进献了《朋党论》,显然是针对仁宗朋党之问而发的。这是一篇议论风发的宏文,围绕"君子不党"的传统观点大做翻案文章,曲折反复,不说君子无朋,反说君子有朋,不说朋党不可用,反说朋党为可用,最后归结到一点:人君"当退小人之伪朋,用君子之真朋,则天下治矣。"

文学上的好文章在政治斗争中有时会是一着坏棋。这篇《朋党论》一是触犯了人主的忌讳,任何皇帝都不会鼓励臣下公开结党威胁皇权;二是触犯了被划在范仲淹为代表的改革派以外的那些官员,按照欧阳修的观点,不是君子之"真朋",就是小人之"伪朋",这样,改革派就在无意之中为自己树立了一个庞大的反对派。正如南宋吕中所说:"君子小人之实不可以不辨,而君子小人之名不可以太分。有用君子之名,则小人者岂甘小人之名哉!正人既指小人为邪,则小人亦指正人为邪。"这样,党争就不可避免。

在反对派中,夏竦起了十分恶劣的作用。前文提到,他原先是被仁宗任命为枢密使的,王拱辰率领包括余靖和欧阳修在内的台谏官先后上了十一疏,拱辰甚至拉着仁宗的袍裾要求他改变任命,仁宗才改命杜衍。从到手的枢密使到改判亳州,对夏竦来说当然是奇耻大辱。这事令支持范仲淹的国子监直讲石介异常振奋,写了一篇流传一时的《庆历圣德颂》,文中明确把仁宗起用改革派称为"众贤之进",而把夏竦灰溜溜地与枢密使无缘说成是"大奸之去"。

夏竦的反击就是从石介入手的。庆历四年,他唆使家中女奴模仿石介笔迹,篡改了石介给富弼的一封信,将"行伊、周之事"改为"行伊、霍之事"。伊指伊尹,周指周公,都是古代辅佐天子的贤臣;霍指霍光,他是西汉废立国君的权臣。此事传出,范仲淹与富弼都心不自安,请求出朝巡边。六月,范仲淹出为陕西河东宣抚使;八月,富弼也出为河北宣抚使,庆历新政陷入僵局。

九月,仁宗罢了晏殊的相位,杜衍升任宰相。晏殊与新政集团保持着距离,但他是范仲淹、欧阳修等改革人才的引荐者,又是富弼的泰山,人们容易把他的罢相与新政派的失势联系起来。与此同时,仁宗任命陈执中为参知政事,新政派的谏官蔡襄和孙甫上奏说他刚愎不学,仁宗硬是把陈执中从外地召入朝中。蔡襄和孙甫见轰不走陈执中,便自求外放,仁宗同意,改革派至此丧失了与反对派较量的喉舌,台谏官清一色都是反对派。这时,改革派的领袖与骨干几乎都已经被排挤出朝,但反对派还是要把范仲淹的追随者从馆阁中清除出去。

当时京师官署每年春秋都举行赛神会,同时置办酒宴,同僚欢饮。这年监进奏院苏舜钦发起进奏院的秋赛宴会,与会者王洙、刁约、王益柔、江休复、宋敏求等十来人都是范仲淹引荐的一时才俊,酒酣耳热,王益柔在即席所赋的《傲歌》中吟出了"醉卧北极遣帝扶,周公孔子驱为奴"的诗句。王拱辰打听到这事,立即让监察御史刘元瑜弹劾苏舜钦和王益柔诽谤周、孔,并犯有大不敬之罪,要求处以极刑。仁宗连夜派宦官逮捕了全部与会者,令开封府严加审讯。后经韩琦等反对,才从轻发落,苏舜钦永不叙用,其他人受降官处分。王拱辰高兴得声称:"被我一网打尽了!"

十一月,仁宗颁诏强调"至治之世,不为朋党",不点名地批评有人"阴招贿赂,阳托荐贤"。范仲淹一见到诏书,就上表自求罢政。庆历五年(1045)正月,仁宗免去范仲淹的参知政事,让他出知邠州,富弼也同时罢政,出知郓州。二十天后,杜衍罢相,指责他"颇彰朋比之风",把他视为新政朋党的总后台。韩琦上书指出不应轻易罢黜富弼,三月,他也被仁宗罢去了枢密副使之职。至此,新政派被悉数赶出了朝廷。在此前后,新政所推行的部分改革措施几乎全部废罢。

宋代后来的学者批评仁宗对庆历新政"锐之于始而不究其终",并对其原因大惑不解。实际上,仁宗当初锐意改革是出于应付庆历初年内政外患的需要。到庆历四五年间,宋夏和议已成定局,京东西的兵民骚乱也已经平息,宋朝统治不仅解除了燃眉之急,还出现了柳暗花明的转机。而改革派公然不避朋党之嫌,迫使仁宗把消除朋党之争的棘手局面放在首位,既然小人结党而不承认,那就只有把不避结党之嫌的君子逐出朝廷。欧阳修乃至范仲淹这些君子们,在朋党问题上的见解从道理上说是无可非议的,但政治斗争并不一定是道理之争,因而他们最后只能被小人欺之以方,被仁宗敬而远之。

石介帮倒忙

范仲淹、韩琦等人被委以重任,有一个人特别高兴,写了一篇《庆历圣德颂》。这个人就是担任国子监直讲的石介。颂中大赞仲淹:

> 惟汝仲淹,汝诚予察。
> 太后乘势,汤沸火热。
> 汝时小臣,危言藁藁。
> 为予司谏,正予门阑。
> 为予京兆,圣予谗说。
> 贼叛予夏,往予式遏。
> 六月酷日,大冬积雪。
> 汝寒汝暑,同予士卒。
> 予闻辛酸,汝不告乏。

颂中还有"惟仲淹弼,一夔一契"之语,将仲淹、富弼比作舜时掌管礼乐教化、辅佐舜帝以安天下的古代名臣夔、契。

同时,颂中对本来已被任命为枢密使而遭谏罢知亳州的夏竦极力贬低,说"大奸之去,如距斯脱"——夏竦被罢去枢密,就如被砍去了爪子的公鸡。

他这种爱憎分明、嫉恶如仇的精神固然值得肯定,但这篇颂写得却是过于尖锐了，这不但没有帮到范仲淹，反倒给他带来了麻烦。

石介是什么人呢？他是山东泰安人，早年读书于徂徕山（泰安城东南），世称徂徕先生。其父石丙大中祥符四年（1012年）进士，精研《春秋》，仕至太子中舍，官至太常博士。石介很好学，年轻时曾在宋城（今河南商丘）和南都学舍，跟随政治家、文学家范仲淹诵读诗书。天圣八年（1030），二十六岁的石介中进士，任郓州观察推官。庆历二年（1042）夏，石介被召为国子监直讲。

石介性格耿直，敢言直谏，"指切当时，是是非非，毫无顾忌"，总之书生意气过重。这次，他写了《庆历圣德诗》，赞革新派，贬保守派，指责反对革新的夏竦等人为大奸。石介的行为使夏竦等人深深衔恨在心，自此成为死敌。当时，同任直讲的孙复提醒石介说："你的灾祸从此开始了。"

果然，夏竦为解切齿之恨，便从石介开刀，进而打击革新派，他命家中佣人摹仿石介笔迹，伪造了一封石介给富弼的信，内容是革新派计划废掉仁宗另立新君。范仲淹等人有理也说不清，只好请求外任，变法遂告失败。庆历五年（1045），范仲淹等人又被保守派诬陷搞"朋党"活动，革新派相继罢职，石介也在"朋党"之列，成了众矢之的，外放到濮州（今山东鄄城）任通判，未到任所便病死家中，终年四十一岁。

石介死后，夏竦等人并未甘休，欲置革新派于死地。当时，徐州孔直温谋反，败露后被抄家，石介过去与孔直温的来往书信也被查抄出来。夏竦借此大做文章，向仁宗说石介其实没有死，被富弼派往契丹借兵去了，富弼做内应。这一招确实狠毒至极，宋仁宗便派官员去发棺验尸，参加石介丧事的数百人集体保证石介已死，才幸免发棺，这就是震惊全国的事件。

欧阳修对此义愤填膺，在庆历六年（1046）写下了一首三百五十字的五言长诗《重读徂徕集》，诗中写道："我欲哭石子，夜开徂徕编。开编未及读，涕泗已涟涟。已埋犹不信，仅免斫其棺。此事古未有，每思辄长叹。我欲犯众怒，为子记此冤。下纾冥冥忿，仰叫昭昭天。

书于苍翠石，立彼崔嵬巅。"此诗呼天抢地，感人肺腑。

石介的偏激所带来的并只是一种个人的悲剧。无论出于怎样的真诚，这种过于情绪化的褒贬，对政治的无知，除了能起到点扬善抑恶的作用，对于事功毫无一点补益。

古代的朋党之争大多如此，双方都以道德信条压人，上纲上线，给对方扣的帽子大得吓人，其实大多是意气之争。石介这样的学究，以研究圣贤经典为职业，满脑子圣人遗训，并无治国理政的实际经验。正因为如此，冷静而明智的政治家们一般来说都会比较审慎地对待这种人。《东轩笔录》记，仲淹入参知政事时，余靖、欧阳修等人力荐石介为谏官，"而执政亦欲从之"，独仲淹却说："石介刚正，天下所闻，然性亦好奇异。若使为谏官，必以难行之事责人君以必行。少拂其意，则引裾折槛，叩头流血，无所不为矣。主上虽富有春秋，然无失德，朝廷政事，亦自修举，安用如此谏官也。"仲淹对石介应该说还是比较慎重的。

再度守边

早在庆历四年（1044）八月，新政正紧锣密鼓地进行着的时候，仲淹就上奏朝廷，自请外放，再度出守西北边关。此时边境的形势也在发生变化。

这年五月，西夏对宋称臣，宋接受了西夏的议和请求，但与此同时，契丹与西夏交恶，契丹国主亲率十万大军征讨西夏，驻兵云州（今山西大同）、朔州（今山西朔州市朔州区），并要求宋与西夏绝交。西北局势的这一变化，使仲淹十分不安。他担心契丹、西夏不守盟约，乘宋无备发起突然袭击。仅契丹就拥兵十万，而宋河东路则是兵少将寡，不堪一击，实在不能无忧。再加上西北边关秋防在即，也确实需要有人经画其事。仲淹以为，若说"镇彼西方，保于无事"，则不敢妄言，但自己久居边塞，熟悉边情，与边关将士同心协力，亦可望能预防敌寇深入之虞。

在情报资讯不发达的时代，范仲淹开始并不明了西夏与辽国之间关系和形势的转变，对辽国、西夏最近的言行和军事行动保持高度警惕性。范仲淹对仁宗分析说：据收到的情报，"契丹大发兵马，讨伐呆儿族并夹山部落，及称亦与元昊兵马相杀。又报元昊亦已点集左厢军马。既是二国举动，必有大事"。范仲淹提出质疑说：夹山等蕃部小族，值得两国各发大军攻讨吗？此可疑一也。元昊向来依仗契丹侵凌中原，现在没有重大缘故，为什么要与契丹举兵厮杀？此可疑二也。自古圣贤都认为敌人没有信用,现在朝廷倾向于相信辽、夏交恶的说法,这可取吗?此可疑三也。辽与夏多次侵凌中原,勒索钱财,不顾盟约。如果"盟信可保",何至于出现当前的局面?此可疑四也。河东数年地震,是边境有警的征兆。两国聚集大军于此处,此可疑五也。据情报报道,契丹多次派遣使臣打探南山等地的道路地形,此可疑六也。

据此分析,范仲淹提出"三大可忧":第一,二国不守盟信,发大军突袭,"河东军马不多,名将极少,众寡不敌,谁敢决战"?第二,契丹擅长攻城,据情报报道,契丹准备了大量攻城的战具,西夏则无城可攻。如果攻入宋朝,"并攻三两城,破而屠之,则其余诸城乘风可下"。第三,这次不进攻,骗取宋朝信任,"徐为后举之策"。范仲淹因此要求二府大臣尽快商议,讨论"河东御捍之策"。

范仲淹的种种分析和忧虑,事后被证明是多余的。在北宋军事实力处于弱势的背景下,对边患的忧虑更加充分一些,是非常有必要的,常备不患。上述诸种分析和忧虑,正是范仲淹离开朝廷、再度前往边疆的现实背景。

正如前言,朝廷采纳枢密院集体意见,分派富弼负责东北边务,范仲淹再次回到自己熟悉的西北边境。他的官职是陕西、河东宣抚使。

范仲淹应该是庆历四年八月离开朝廷。赴任途中,范仲淹路过郑州,见到退休后在此闲居的前宰相吕夷简。吕夷简便问范仲淹:"为什么突然离开朝廷?"范仲淹回答说:"暂时离开朝廷,去打理边疆事务。等事情料理完毕,就回朝廷。"吕夷简说:"料理西北边疆事务,也是在朝廷更加方便。你这次是自投陷阱,怎么可能再回到朝廷?"

吕夷简精通官场勾心斗角之术,一针见血点明关键之所在,范仲淹听完也是一阵发愣。换句话说,范仲淹明白吕夷简说的完全正确。仁宗能够同意范仲淹离开朝廷,就是内心的疑忌在作怪。如果范仲淹还在朝廷,发生事情可以随时解释,同时也不给他人进谗言的机会。宋代采取二府班子集体觐见皇帝的制度,极少有个人面见皇帝、独进谗言的时机。范仲淹光明磊落、正直无私,躲在阴暗角落的小人就无法公开上奏章弹劾范仲淹。所以，只要范仲淹在朝廷，政敌很难捕捉到攻击范仲淹的机会，只能煽阴风、点鬼火，对皇帝的影响相对间接。况且，仁宗与范仲淹交往、合作很长时间，曾对范仲淹非常信任和依赖，多少会有一些个人情感或情面。只要范仲淹在眼前，仁宗也很难突然变脸或翻脸。范仲淹离开之后，上述情景就要发生很大的转变，仁宗既没有当面却不开的情面，范仲淹又给了政敌随时诽谤他的机会，君主内心的疑忌就会迅速膨胀，发展成为牢不可动摇的偏见。这就是吕夷简这番话点明的实质之所在，范仲淹也体会到这层含义。不过，为时已晚，范仲淹政治生命的高潮期已经过去。

吕夷简当年为了稳固自己的权势，保护自己的既得利益，曾经打压过政治上的新锐范仲淹。后来，为了国家的安全和边塞的安宁，吕夷简又大力支持重用范仲淹，力挺范仲淹在西北前线的诸多作为。等到离开宰相位置、年老退休时，吕夷简也反省自己在宰相位置上的作为，对自己的平庸保守、时有私心有相当的忏悔意识。闲居郑州的吕夷简，以超脱的身份，从百姓和国家的角度考虑问题，为范仲淹离开朝廷而惋惜，范仲淹充分领悟到老宰相的这一番情谊，在郑州与吕夷简相聚，言谈甚欢。

就在这一年的九月十日，即范仲淹见过吕夷简后不到一个月时间，吕夷简就因病去世了。当时范仲淹已经到达边塞，闻讯后作《祭吕相公文》，说："得公遗书，适在边土。就哭不逮，追想无穷。心存目断，千里悲风。"表现出发自内心的一份沉痛悼念。这就是范仲淹等一代政治伟人的风范，不计较个人得失，胸襟极其博大。

范仲淹生平好友欧阳修在范仲淹去世后作《范公神道碑铭》，就叙述了吕夷简和范仲淹后来在政治上的相互支持。

范仲淹的儿子范纯仁等却非常不以为然，在镌刻这篇碑铭时，删去一段文字："及吕公复相，公亦再被起用，于是两公欢然相约，戮力平贼。天下之士皆以此多二公。"欧阳修知道文字被删后，非常生气，认为范纯仁等不理解其父亲的胸襟，恰恰是贬低了自己的父亲。

朱熹对这件事有一段很好的评说："范公平日胸襟豁达，毅然以天下国家为己任。既为吕公而出，岂复更有匿怨之意？况公尝自谓平生无怨恶于一人，此言尤可验。忠宣（范纯仁）固是贤者，然其规模广狭，与乃翁不能无间。意谓前日正排申公，今日若与之解仇，前后似不相应，故讳言之。却不知乃翁心事，政不如此。"

范仲淹这次赴边，挟宰辅身份之重，朝廷给予充分支持。庆历四年七月，当时范仲淹还没有离开京城，朝廷就"降空名宣头百道"，专门为范仲淹预备，让他奖赏有功将士。"空名宣头"是空白的诏令，届时内容就随范仲淹填写。八月，范仲淹启程时又推荐进士张挺"有武力胆略，乞补三班差使殿侍，为随行指使"，立即获得朝廷同意。不久，范仲淹再次请求让"泾原路参谋郭固随行，教习军阵"，同样获得朝廷认可。

然而，这时候宋、夏议和进入最后阶段，边塞非常平静，这与范仲淹第一次赴边时狼烟四起、战火弥漫的形势完全不同。这时，范仲淹能够处理的都是一些琐碎小事。如，庆历四年十月二十二日，范仲淹向朝廷报告：努玛族太尉香布率十八位族人归顺宋朝，朝廷给他们各封官爵；二十四日，范仲淹建议朝廷招收麟州、府州（今陕西府谷）周边嘉舒、克顺等七族，免除边患隐忧，朝廷认为元昊已进誓表，不必要多此一举，范仲淹认可朝廷的决断。

范仲淹又弹劾河东转运使刘京私人从事商业贸易，骚扰百姓，刘京被罢免。

以往士兵因官吏酷刻被逼为盗贼的，范仲淹出榜昭示：限一个月内到官府自首，不予问罪处罚，重新归队。

此外，范仲淹免除部分贫穷逃亡百姓的赋税，诱导他们回家耕种，重新从事农业生产。于是，当地的盗贼、流民大大减少，社会秩序迅速好转。

当时，朝廷为了整顿所发行的钱帛，下令停止使用大铁钱，由于措施过于突然，并州百姓十分恐慌，他们在贸易中所得的大铁钱就必须废弃，纷纷向范仲淹申诉。军队将士以往的军饷也是大铁钱，将士们高声吵闹说："朝廷发给我们的，为什么不能用？"范仲淹敢于担当责任，立即下令恢复大铁钱的使用。范仲淹担心在他管辖范围内的其他州郡也发生类似情况，赶紧逐处发榜，告谕军民，稳定民心军心。这就是范仲淹在政务方面做的比较大的事情了。

范仲淹这时候做的另一件比较大的事就是增修城寨碉堡，尽可能收取宋朝原有辖地，加强宋朝防线。因为与西夏和议已成，现在收取的土地都是西夏无心顾及、战争中荒废的，修筑城堡也是为了保护当地生产，没有以往的步步进逼目的。范仲淹向朝廷进言说：麟州和府州两地之间"山川回环五六百里"，旧时是汉人、蕃人的耕耘土地，战争时期被西夏所掳掠，现在还有三千多户人家散居这一地带。从前只是修建麟州、府州交通要道上的堡寨，其余地区无城寨可守，百姓也不敢恢复生产。范仲淹建议麟、府二州重新修建必要的城寨，召集散落的蕃、汉人户，恢复生产，招募当地士兵，减少派遣的戍兵数量。这些举动，从长远来看也有利于边塞防守。

张亢是范仲淹当年最喜爱的西北前线智勇双全的将领之一，曾执行范仲淹"步步进逼"方针修筑过许多堡寨，范仲淹建议由张亢主持这项工作，获得朝廷同意。河东经略安抚缘边招讨使明镐反对这项工程，多次下令张亢停止修建城寨。张亢置所有命令而不顾，加紧城堡修建，工程结束后上章自我弹劾，朝廷也就没有追究张亢抗命的罪责。这项工程的作用非常明显，"蕃、汉归者数千户，岁减戍兵万人，河外遂安"。直到皇祐年间韩琦经略河东来到此地，视察了当地的堡寨位置及其修建之后，还对张亢的远大战略目光表示钦佩。

范仲淹主张修建的又一处重要军事要垒是细腰城。在环庆路和泾原路之间居住着诸多羌族部落，其中最大的部落有明珠、灭藏、康奴三族，向来不服宋朝管制，与西夏相互呼应。范仲淹建议在三大部落与西夏交通要道上修建细腰城，阻断他们之间的联络。获得朝廷同意后，范仲淹命知环州种世衡和知原州蒋偕共同主持这项工程。当时种世衡已经卧病在床，接到命令后立即率兵前往细腰城与蒋偕会合。他们命令士兵日夜修筑城墙，又设宴款待三族部落酋长，对他们说：朝廷在这里修筑城寨，是为了帮助你们抵御外来入侵之敌的。这次修筑城寨出其不意，三族又失去了西夏的支援，只能坐视细腰城落成。细腰城修筑完工，种世衡就因病去世了。范仲淹进而命令蒋偕在大虫巇修建堡垒，围困羌族部落。在修建此处堡垒期间，明珠等部落发动袭击，蒋偕从小道逃跑。蒋偕请求戴罪立功，获得同意后，蒋偕率兵再次前去，最终完成堡垒修建。

边塞即使在和平时期也有许多小摩擦、小冲突，对峙的双方总是在抢夺防守或进攻的主动权。范仲淹显然没有认为和议签署就万事大吉，依然兢兢业业经营宋朝边境防线。事实证明，宋朝与西夏的和议并不牢固，仁宗朝以后又多次发生战争。范仲淹的系列作为有深远的战略战术意义。

边塞战争，敌我双方拉锯，大量土地抛荒，或者朝廷明令禁止耕种，以免为敌所用。相对和平时期，恢复当地生产为第一要务，范仲淹在这方面有大量作为。代州（今张家口、大同一带）周围地区，这样废弃的土地尤其广袤，当年欧阳修出使当地，曾经建议朝廷废除禁令，允许百姓耕种。因边境将帅意见不一致，欧阳修的建议没有得到贯彻落实。范仲淹到前线主持大局之后，屡次向朝廷上疏，要求落实欧阳修的建议。后来，仅仅岢岚（今属山西）境内的荒废土地得到耕种，边塞的粮食就非常充足了，可见边塞恢复生产大有可为。

庆历新政与王安石变法

庆历新政和王安石熙宁变法（1069—1093）是北宋王朝在开国已久之后，统治阶层试图拯救时弊，富国强兵的变法活动，虽然最终都归于失败，但是对北宋历史的发展起到了巨大的影响，而且两者之间在起因、经过、内容、失败缘由以及对后世的影响上的异同之处，值得人们进行一番研究。

从时代背景上说，两次变法都是为了改革弊政，富国强兵，不再赘述。

从变法的主持者来说，庆历新政的主持者为范仲淹、富弼、韩琦等一批名望卓著的官员，背后的支持者是当时已经在位达二十年的宋仁宗。主持庆历新政的这些官员中，范仲淹早已在中央担任过秘阁校理、右司谏等职，后在陕陇地区主持对西夏战事，"号令明白，爱抚士卒"，颇有威名。元昊请和以后入为枢密副使，旋改参知政事。富弼如前所述，担任过奉使契丹的重任，庆历三年拜为枢密副使。韩琦历任开封府推官、三司度支判官、右司谏等职，后与范仲淹一起参与西夏战事，"在兵间久，名重一时，人心归之，朝廷倚以为重，故天下称为'韩范'"，随后召为枢密副使。以上三人可以说都是功勋卓著之士，当时北宋朝中，论声望功绩，可以说无人与这些人相提并论。相比之下，熙宁变法的主持者王安石，虽然在嘉祐三年受命担任三司度支判官，但到嘉祐八年因母忧辞官守丧，收徒讲学，直到宋神宗即位后的熙宁元年，才重新进入中枢。虽然韩绛、韩维、吕公著"三人更称扬之，名始盛"，并且有人认为"介甫不起则已，起则太平可立致，生民必被其泽"，但是毕竟没有像韩、范、富弼那样卓越的功绩，在朝中也没有特别支持自己主张的盟友，处在宋神宗所谓的"人皆不知卿，以为卿但知经术，不晓世务"的状态，而在当时的朝中，富弼、韩琦、司马光等主要大臣皆反对王安石变法，这无疑是王安石变法相对于庆历新政的一个不利条件。不过，熙宁变法的一个有利条件便是宋神宗的全力支持，与庆历新政时已在位20多年的宋仁宗不同，宋神宗年方弱冠，颇具雄心，对王安石也是极为信任，"甫即位，命知江宁府。数月，召为翰林学士兼侍讲"。熙宁二年二月便拜为参知政事，负责主持变法，后来王安石屡遭攻击时也坚持任用，虽然王安石一度罢相，但宋神宗在位期间，新法总体上来说始终坚持了下去，可见宋神宗变法的决心，这便不是变法时已经人到中年的宋仁宗可比的了。

庆历新政的内容相对来说较为集中，主要集中在吏治方面，范仲淹所上的《答手诏条陈十事疏》所说的十事，分别为：明黜陟、抑侥幸、精贡举、择官长、均公田、厚农桑、修武备、减徭役、覃恩信、重命令。其中五项均为和吏治相关的内容。按照邓广铭先生的看法，"大概范仲淹认为，通过这样五项措施，就可以培育和选拔出贤明能干的官吏，能爱惜百姓，均其徭役，宽其赋敛，使百姓各获安宁，便不致再爆发反抗斗争"。其着眼点在于整顿官僚队伍，"裁削幸滥，考覆官吏"而"任子之恩薄，磨勘之法密，侥幸者不变"，由此来实现减少冗官冗费。而在王安石变法中，在吏治上的措施与此不同，王安石由于在朝中较为孤立，通过整顿已有的官僚队伍来进行变法便不太现实，因此王安石采用设置制置三司条例司这样的新机构的办法来推行新法，并且改革科举来吸收新的变法人才到官僚队伍中，实际上是在增加官员数量。之所以有两者在吏治措施上有这种区别，主要是因为王安石变法的着眼点在通过合理理财增加财政收入，即"开源"，以实现"民不加赋而国用饶"，而非庆历新政所着重的"节流"，当然还与王安石变法所面临的官僚集团内部的激烈反对有关。

庆历新政中与财政、军事等有关的内容相对较为简单，其中的一些措施如"府兵"由于众人的反对也并没有付诸实施，其他措施也由于庆历新政一年后便无疾而终而未能广泛施行。而王安石变法的重点恰恰在庆历新政没有来得及予以关注的农业、财政、军事等方面，尤其是理财方面。其中与农业和军事有关的措施，有的在庆历新政中已经提出，在王安石变法中继续采用，例如范仲淹在"修武备"的措施中提出的"府兵法"，为王安石的保甲法所继承，不过范仲淹还只是主张"以助正兵"，用府兵来补募兵之弊，王安石则更进一步主张"为宗社长久计，当罢募兵，立保甲"。有些措施是庆历新政已经提出，但王安石采用不同的办法来实现，例如范仲淹主张的，是"州县选官"治理水利，劝课农桑；而王安石的农田水利法则主张用民间分派资金的办法兴修水利。范仲淹主张的减徭役主张"不应受役者悉归之农"，而王安石的募役法则是主张以钱代役。两者相比，王安石的措施更偏重于增加国家收入而削弱豪强地主的收入。还有一些措施则是庆历新政没有提出而为王安石所独创的，如市易法、青苗法、方田均税法则是王安石针对财政问题而专门设立的；保马法则是针对北宋缺乏战马，难以建设强大的骑兵队伍的问题而提出的；将兵法则是为了解决北宋军队"将不知兵，兵不识将"的问题而实施的举措。比较一下两者的措施，可以很清晰地看到，王安石变法的种种措施在施行的深度、广度和持续时间上都比庆历新政高，其内容也远远超出庆历新政的范围。

庆历新政和王安石变法在指导思想上也有很大差异。范仲淹等人皆为官僚集团中的一员，因此他们提出的措施，基本上都没有超出前代的改革的范畴，很多都是制度上的修修补补，或者是像府兵制那样仿照前代的制度，其指导思想基本上还是局限在儒学本身。而王安石则完全不同，"王安石是把释道两家学说中的义理尽量吸收到儒家学说中来……从政治思想这一侧面来看，王安石则又是援法入儒，甚至可以说，他是把法家思想作为制定和推行新法的指导思想的"，也正因为如此，王安石才受到官僚集团内部异常强烈的抨击。范仲淹等人在新政失败后，无非是贬官外地，后来又往往重入中枢，身后也为士人所景仰，而王安石在死后，则几乎成为士人眼中的误国奸臣，其中恐怕与王安石离经叛道的政治思想有很大关系。

庆历新政和熙宁变法失败的原因也有所不同。庆历新政的失败，主要是由于整顿吏治的做法触动了大批官吏的利益，因此谤议日甚，将范、韩等人诬为朋党，而范仲淹等人不但不加避忌，反而认之不讳。欧阳修甚至在《朋党论》中声称小人以利相结，利尽则交疏，是不会结成朋党的，只有君子才能结为朋党，这就使得朋党之论滋不可解，构成了宋朝皇帝最不能容忍的罪行，最终只能以范韩众人离开中枢而结束。而王安石受到宋神宗的倾力支持，虽然攻击的声音很多，但基本上还是坚持了变法，使得新法施行了二十余年，他的失败更多的是变法的措施与实际不够吻合。"他的所谓新法，不外将财政税收大规模的商业化"，"在中国官僚主义的体系内，政府局部的经商，通常没有好结果"，"中国的官僚主义只能注重数量无法提高效率，不容易改变为一种轻而驾巧带商业性的组织"。总之，如果说庆历新政的失败还有一定的偶然性的话，王安石变法的失败则更多的是一种必然性的失败，是在一个缺乏商业传统的广大国家里试图使政府财政全面商业化的失败。

庆历新政与王安石变法虽然在结果上都可以称之为失败，但是失败之后的结局却大不相同。庆历新政的失败，和一次普通的变法失败没有什么两样。而王安石变法对北宋后来的历史发展则影响巨大，开启了北宋后期党争的序幕。徽宗时期蔡京等人假借新法之名大肆搜刮，并打击元祐党人，最终导致了北宋的腐朽灭亡，以至于后来的许多人都将王安石看成北宋灭亡的罪魁祸首，这恐怕就是自认为公忠体国的王安石难以预料的了。

烈士暮年

庆历"朋党"，惺惺相惜

在中国古代乃至近代社会，"朋党"是十分令人胆寒的一个词。对个人来说，任你如何清白，只要被戴上"朋党"的帽子，前途就可能吉凶难料，往往是君子道消小人道长，君子遭殃小人得志。对国家社稷来说，结果必然就是仁人志士远离权力中心，正人君子齿冷心寒，朝纲日渐紊乱，朝政日渐腐败，扰乱了社会进步和安全稳定，甚至国亡厦倾。

那我们就看看范仲淹的"朋党"究竟有哪些人，果真如吕夷简所说的那么令圣上担心吗？

欧阳修，唐宋八大家之一。他博学多闻，学富五车，为人耿直，敢于谏净，屡忤权贵而仕途坎坷，一生中同样被贬谪三次，颠沛流离。范仲淹第三次被贬之际，时任馆阁校勘的欧阳修挺身而出，仗义执言，奋笔疾书，写出了著名的《与高司谏书》，痛斥左司谏高若讷趋炎附势，落井下石，肆意诋毁范仲淹，"不复知人间有羞耻事"。高若讷将书信上交朝廷，仁宗龙颜大怒，贬欧阳修为峡州夷陵（今湖北宜昌）县令。赴职夷陵后，欧阳修潜心从政，遍访农户，体察民情，为民造福。因其政绩比较突出，朝廷又调他任光化（今属湖北）县令。康定元年（1040年）八月，欧阳修终于重回京师，重任馆阁校勘之职。庆历五年（1045年）庆历新政失败，其推行者范仲淹、富弼、韩琦、杜衍等先后皆以"朋党"之名被调离京师，因而气得大文豪欧阳修怒从心头起，义愤填膺地创作了一篇脍炙人口的《朋党论》，痛陈朋党之说残害忠良，望国君明辨是非，分清君子和小人，并列举历朝实例，谏圣上斥退小人的假朋党，用君子的真朋党，辅佐皇帝治理朝政，安定天下。结果又遭奸人诬陷被降职出知滁州（今属安徽）。本欲为国清除弊政，却祸从天降，落得如此结局，让欧阳修欲哭无泪！在滁州，欧阳修勤于政事，关心民生，兴利除弊，发展生产，百姓感恩戴德，把他和曾在此地居官的王禹偶合称"二贤"，并立祠纪念。千古名篇《醉翁亭记》即写于此间。"孤忠一许国，家事岂复恤"。欧阳修忠心报国，屡遭贬谪，仍然忧国忧君，针砭时弊，仗义执言，无怪乎后人对其称赞有加，传颂不已。

同样在范仲淹第三次被贬之际，时任集贤校理的余靖仗义执言，向仁宗皇帝写了一份长信，大致内容是：上两次范仲淹被贬，是因为太后和谢氏的原因也是为圣上着想呀！可圣上却三贬如此尽忠之人，天理何在！余靖此次真是出于公理，仗义执言，由此而名闻朝野。但结局可想而知，没过几天，余靖就被贬为监筠州（今江西高安）酒税。余靖一生为人刚直不阿，忠心报国。在北宋王朝出现严重的内忧外患之际，余靖与范仲淹等人一道，反对因循守旧，主张顺势变革，实施富国利民政策。其坚持革新、锐意进取的优良品格和直言谏诤、刚正不阿的精神风范，堪称一代名贤。

时任馆阁校理的尹洙也曾因范仲淹第三次被贬而义愤填膺打抱不平。他直言圣上：范仲淹忠心耿耿，忠于朝廷，直言谏上，无可厚非，反倒是您听信谗言，不分忠奸，乱扣"朋党"之名。我等忠心报国，却落得如此下场。我也是范仲淹的同党，请圣上将我也一同发落吧！现在想想，当年的尹洙置生死于不顾，说出如此铮铮之言，是何等的凛然不惧，何等气概，何等胸怀，为的就是匡张正义，直面奸人。庆历七年（1047年）春天，尹洙一家老小从均州（今湖北丹江口一带）来到邓州看望范仲淹，两人聊起当年往事，不免老泪纵横。想起为朝廷做事，为官一方，无愧于圣上，无愧于祖先，两人推心置腹，直聊至东山日出，睡意全无。而后几天，二人纵谈国事，论家事，谈后代，情真意切，想起当年尹洙直言自己也是范仲淹的"朋党"，二人觉得那真是生死之交啊。后来不长时日，尹洙病逝于邓州驿所。范仲淹为其作祭文，韩琦为其作墓表，欧阳修为其做墓志铭。尹洙一生清贫，众人便拿出俸禄资助尹洙家人护送其灵柩归葬河南洛阳老家。

作为庆历新政支持者和执行者之一的富弼，也是北宋一位贤臣。范仲淹十分赏识他有"王佐之才"。明道二年（1033年）十二月，范仲淹因直谏仁宗废皇后之事被贬出朝，富弼这时正服毕父丧，回到汴京，便上书皇帝：以为"废嫡后，逐谏臣"，一举两失，不是太平盛世应当做的事。直言范仲淹忠直不挠，闻过遂谏，是履职尽责，绝不应当黜弃。庆历新政推行之际，奸臣夏竦施展诡计，令其女奴模仿石介笔迹，篡改石介写给富弼的奏记，作为石介为富弼起草的废立诏书草稿，诬蔑他和同僚串通一气，要复辟朝廷，对其进行陷害。这可是谋反的重罪，虽然仁宗没有全信，但还是疑心倍增。而后富弼先后任职多地，无论在哪里都赈灾济民，忠心辅佐圣上，恪尽职守，被誉为一代贤臣。元丰六年（1083年）八月，富弼在洛阳病逝。死前上书神宗，说在他左右多小人，非国家之福。又陈时政之失。神宗读后十分哀痛，辍朝三日，内出祭文致奠，赠太尉，谥文忠。

韩琦，早前做过左监藏库、右司谏、安抚使等职，以敢于犯颜谏上、刚正直率闻名。当年元昊入侵大宋，危难之际，就是韩琦慧眼识金，顶住压力直谏圣上，力推被贬的范仲淹知永兴军，后出任陕西经略安抚副使。范仲淹果然不负众望，以其出色的指挥才能和治军方略，赢得了朝廷上下的赞誉。应该说韩琦在这件事上起到了决定性的作用。其后与范仲淹一道被朝廷从前线召回，支持参与范仲淹主持的庆历新政改革。对范仲淹、富弼的贬谪之事，韩琦挺身而出，据理力争，也因"朋党"之名被贬出朝，罢枢密副使，以资政殿学士出知扬州等职。韩琦任上治军有方，理民得法，治边有道，辅佐圣上忠心不二，其"相三朝，立二帝"，与富弼齐名，号称贤相。熙宁八年（1075年）六月在相州溘然长逝，享年68岁。神宗御撰墓碑："两朝顾命定策元勋"。

谥忠献，赠尚书令。

与范仲淹并肩战斗，忠心效忠朝廷的杜衍、滕子京、狄青等人也因被扣上"朋党"之名而遭受陷害。

事实胜于雄辩，邪不压正。以上我们不难看出，吕夷简之流所说的范仲淹"朋党"，都是和范仲淹一样，忧国忧民，直言谏上，坚持正义，不怕奸人陷害，不怕遭到贬谪，忠心耿耿，不记前仇，全心辅佐朝廷的栋梁之臣。同时，这些"朋党"，皆能够在关键时刻，不掺杂个人情感，仗义做人，挺身而出，据理力争，为朋友正义直言，拼死相救，真正是患难相交荣辱与共的好朋友。

《论语》中有句名言："德不孤，必有邻。"有道德的人不会感到孤单，一定有志同道合的人与他相伴。

自请解职，退居邓州

庆历五年（1045）冬十一月，范仲淹上表请求解除陕西四路沿边安抚使的职务，理由是边塞严寒，宿患肺疾，每至秋冬发作，希望仁宗"察臣之多病，许从善地，就访良医"。仁宗准奏，命他知邓州。

邓州离陕西不远，南下就职比较方便。仁宗和朝廷政要巴不得范仲淹彻底离开中央政治舞台，范仲淹的陈乞状正合他们的心意，才有如此痛快的答复和决断。

邓州在北宋时期一直是朝廷大员退闲居官的处所。北宋一部分州郡，因政务清简、民风淳朴、风景宜人而成为朝廷要员退闲居官的常去处所，朝廷以此照顾老臣，邓州是其中之一。范仲淹在《邓州谢上表》中称邓州为"琐闱清品，穰都善地"，此处"风俗旧淳，政事绝简"。与其他闲郡相比，邓州还有靠近京城的便利。在范仲淹之前，北宋名相赵普、寇准等都曾退闲居官邓州。朝廷这次是以照顾老臣的方式让范仲淹退出政坛中心，然而，范仲淹此时还只有 58 岁。按照宋朝惯例，大约 70 岁左右的老臣可以享受这样的恩眷照顾，否则，必有其他原因。或者是该大臣多病体弱，更多的是与权力纷争相关。范仲淹政绩卓著、品德高尚、耿直忠诚，对朝廷和国家做出过重大贡献。独裁君主虽然此时已经厌倦范仲淹，对范仲淹心存疑忌，范仲淹的政敌虽然竭力传播谣言、编造口实攻击范仲淹，但是，他们都不敢过分打击或迫害范仲淹，只能以这样相对体面的方式将范仲淹排斥出中央决策层。

北宋退闲宰辅大臣，虽然到地方以后依然是州郡长官，但是许多官员不再留意当地政务，不再留意自己的职权职责，过着彻底休闲娱乐、颐养心身的舒适生活。司马光《涑水记闻》卷七载："是时，旧相出镇者，多不以吏事为意。寇莱公（寇准）虽有重名，所至之处，终日游宴。所爱伶人，或付与富室，辄厚有所得。然人皆乐之，不以为非也。张齐贤傥荡任情，获劫盗或时纵遣之，所至尤不治。"范仲淹为官做人的境界与此不同，"进亦忧退亦忧"是他的行为准则之一。他在《邓州谢上表》中已经有这样的表态："敢不孜孜于善，战战厥心？求民疾于一方，分国忧于千里，上酬圣造，少罄臣诚。"范仲淹是这样说的，也是这样做的。

　　范仲淹赴邓州任之前，在邠州时曾经主持重建地方州学。原来校舍非常狭小简陋，范仲淹选定新址，派遣两位地方官员主持工程。新校舍建成后，"长廊四合，室从而周，总一百四十楹。广厦高轩，处之鲜明；士人洋洋，其来如归"（《邠州建学记》）。范仲淹到邓州任之后，邠州学校官员写信给范仲淹，请求范仲淹为新校作记，范仲淹因而作《邠州建学记》。

　　这篇写于邓州的纪传体散文，是范仲淹一生从政思想的重要总结。范仲淹庆历政改的主体部分是改造官员队伍素质、改变官员队伍组成结构，这也是范仲淹毕生为之奋斗的目标之一。其中，创办学校、兴办教育被范仲淹视为最为重要的手段。

　　《邠州建学记》开宗明义，说："国家之患，莫大于乏人。"范仲淹的历史观非常超前，在人才问题上他不赞同厚古薄今的观点，说："吾观物有秀于类者，曾不减于古，岂人之秀而贤者独下于古欤？"范仲淹认为一切根源在于未能兴办学校、振兴教育，"诚教有所未格，器有所未就而然耶！庠序可不兴乎？庠序者，俊乂所由出焉"。范仲淹把兴办教育、培养人才抬高到最重要的位置上去："材不乏而天下治，天下治而王室安，斯明著之效矣。"范仲淹的观点有其偏颇之处，然其对教育的极高重视值得充分肯定。这一方面的作为也贯穿在他平生

— 150 —

从政经历之中。

范仲淹在邓州时期，总结自己的从政经验，对教育有如此高度的重视。自然，在邓州兴办学校、振兴教育事业，就成为范仲淹在邓州任期内最为重要的政绩之一。在邓州城东南隅风景优美的所在，范仲淹创建州学讲堂"春风堂"。据说，汉代东方朔曾将孔子比喻作"春风"，所到之处万物生长，"春风堂"得名于此，范仲淹的意图也非常明确。范仲淹经常在春风堂讲学，其子范纯仁、宋理学创始人之一张载、元祐年间知邓州的官员韩维等人，都曾经在春风堂得到过范仲淹的教诲。

范仲淹去世后，当地人将其改名为"花洲书院"，因为春风堂与百花洲风景点连接在一起，且在旁边建范文正公祠，祭祀、怀念范仲淹。绍圣二年（1095），范仲淹第四子范纯粹知邓州，重新修整花洲书院。而后，历代邓州地方官缅怀范仲淹，对花洲书院一而再、再而三地加以重建或修建，花洲书院成为中国历史上办学时间最久的场所之一。

范仲淹诲人不倦不仅仅在讲堂上，对地方俊贤也多有教导勉励。庆历六年三月，邓州举子贾黯状元及第，回乡拜谒范仲淹，愿得到范仲淹的教诲。范仲淹说："你在仕途上不愁不显赫，只有'不欺'二字要终身奉行之。"贾黯一生不忘范仲淹的教导，经常对人家说："我从范文正那里学到的，平生用之不尽。"

范仲淹在邓州任期内，勤勉政务。兴修水利，鼓励农桑，澄清地方吏治，邓州一地政通人和。庆历八年（1148）正月，朝廷徙范仲淹知荆南府。邓州百姓爱戴范仲淹，拦住前来宣读诏令的朝廷使者，要求范仲淹留任。范仲淹也愿意继续留任邓州，获朝廷同意。范仲淹有《谢依所乞依旧知邓州表》，表示留任后"敢不拳拳民政，战战官箴"？独裁体制之下，人们见过多少晚节不保、退出官场前捞取个人利益的官员，而范仲淹的"拳拳民政、战战官箴"是一生的为官原则立场，始终不渝。地方百姓的挽留，是范仲淹政绩的最好证明。范仲淹辞世后，邓州百姓在花洲书院侧设范文正公祠，表达了对范仲淹永久的怀念之情。

范仲淹老友尹洙此时谪居筠州，病重无药，范仲淹请求让尹洙到邓州治病，得朝廷同意。尹洙到邓州时已经病危，范仲淹曾半夜前去看望，告诉尹洙说："你平生的气节和行为，我会嘱托韩琦、欧阳修执笔作文，使其永垂不朽。"又说："我会与众公分俸禄给你的家庭，不会让他们流离失所的。"几天后，尹洙在平静中去世。范仲淹嘱孙甫作行状、欧阳修作墓志铭、韩琦作墓表，范仲淹则为其文集作序，称赞尹洙"其文谨严，辞约而理精"，与欧阳修一起改变了文坛的创作风气，"由是天下之文一变而古"。可见范仲淹对老友尽心尽责。

光耀千古《岳阳楼记》

庆历四年（1044年）二月，范仲淹的好友滕子京任岳州知州。滕子京和范仲淹二人为同科进士，志同道合，自相识后就建立了长久的友谊，曾经在西溪修堤筑坝过程中并肩作战，稳定了军心。此次赴岳州（今岳阳）任知州，也是受了当年范仲淹被打击的牵连。但是将才到哪里都会有用武之地。滕子京来到岳州后，深入基层调查研究，遍访当地老者，倾听百姓呼声，寻求治城良策，仅仅一年时间，他励精图治，偌大的岳州城被治理得井井有条，经济繁荣，人心向善，人们安居乐业，社会和谐。

岳阳西临洞庭，北扼长江，自古以来就是南北交通的咽喉之地。从洞庭湖上向岳阳远眺，最引人注目的是屹立于湖畔的一座三层的城楼，被蓝天白云衬托得十分壮观。那就是著名的岳阳楼。岳阳楼相传是三国时期鲁肃为观望敌阵所修的一座"谯楼"，谯楼也就是用以高望的楼。盛唐时，张说贬守岳州。当时张说饱经风霜，年近半百，乃借扩修岳阳楼，以寄情消愁。竣工后，因其在天岳山之南，遂定名为岳阳楼。岳阳楼耸立在今湖南省岳阳市西门城头、洞庭湖畔，自古有"洞庭天下水，岳阳天下楼"之誉，与江西南昌的滕王阁、湖北武汉的黄鹤楼并称为江南三大名楼。李白、杜甫、白居易、张孝祥、陆游等著名诗人都曾在这里留下脍炙人口的诗作。

闲暇之余，滕子京到岳阳楼参观，看到张说时期改扩建的岳阳楼也已经年久失修,于是他产生重修岳阳楼的想法,也是想寄情托志于土木建设之中。滕子京先在岳阳迁建文庙,维修南湖紫荆堤,并筑偃虹堤,以防止洪水冲击岳阳楼。欧阳修曾写《偃虹堤记》赞之。新修的岳阳楼扩大了原来的规模,楼上镌刻了历代名人诗歌辞赋,并于楼北建燕公楼,专祀张说。滕子京犹觉不足,以为"山水非有楼观登览者不为显,楼观非有文字称记者不为久,文字非出于雄才巨卿者不为著"。于是请名家作画《洞庭晚秋图》,裱于楼上。画作有了,还应该有人写一篇文章来记述重修岳阳楼这件事。他猛然想起了一同被贬邓州,并且才华横溢、妙笔生花的好友范仲淹,不如让范兄写一篇文章赞美新改建的岳阳楼。于是滕子京将《洞庭晚秋图》连同亲拟《求记书》一并寄给好友范仲淹。

此时的范仲淹贬居邓州。庆历新政失败后,多年的官场争斗,连年的边关战事,范仲淹的身体和心情都处于一个十分糟糕的境况,每天处理完公事后就在家读书静养,与诗书琴画为伴。庆历六年(1046年)六月的一天,他忽然接到了昔日好友滕子京从湖南岳阳的来信,要他为重新修竣的岳阳楼作记,并附上《洞庭晚秋图》。洞庭天下水,岳阳天下楼。八百里洞庭湖,南接湘、资、沅、澧四水,北分松滋、太平等长江支流,烟波浩淼,湖山辉映,自古以来就是令人神往的江山胜地。看到《洞庭晚秋图》,想象着洞庭湖的美景,浮现出滕子京在岳阳的励精图治及岳阳城经济繁荣的景象,胸中不由翻江倒海,往事历历在目,感触万千:西溪大坝的激流勇进,朝野之间的尔虞我诈,杭州城内灾民叫苦连天,金戈铁马,阁中书卷,仁宗皇帝忽而挥袖将他贬,忽而笑逐颜开手诏亲见,还有妻子牵衣滴泪的阻劝,那边关的羌笛声声,父子边关上阵一马当先……此情此景范仲淹心中万分激动,顿来灵感,在花洲书院欣然命笔,一气呵成,遂有《岳阳楼记》千古名篇。

范仲淹的《岳阳楼记》用简练优美的文字描述了洞庭湖波澜壮阔的景色,但文章超越了单纯写山水楼观的狭隘,将自然界的晦明变化、风雨阴晴和"迁客骚人的览物之情"结合起来写,从而将全文的重心放到了寓景抒情，寓景言志，升华了文章的境界。全篇看似闲笔漫叙，实际上却大有深意。范仲淹正是借作记之机，含蓄委婉地规劝好友滕子京要"不以物喜，不以己悲"，以自己"先天下之忧而忧，后天下之乐而乐"的济世情怀和乐观精神感染老友。不仅表现作者虽身居江湖，心忧国事，虽遭迫害，仍不放弃理想的顽强意志，同时，也是对被贬战友的鼓励和安慰。

范仲淹为我们写了一篇千古美文，留下了一笔重要的文化遗产和政治财富。同时，范仲淹也以不朽的政治家、思想家和文学家载入史册。

移知杭州

皇祐元年（1049）正月，范仲淹受仁宗之命，由邓州移知杭州。这一年范仲淹已经六十一岁了。

仁宗不知是否出于照顾这位忠正大贤的身体，方便就医，而让他移知杭州这一上郡善地。范仲淹上表谢恩，"荐分于善壤"，"迹虽远而获安，年已高而就逸"。范仲淹早年就对杭州的景色向往不已，能在晚年悠游西湖，也是一件欣慰的事。朝中的政治斗争都已经离他很远了，政敌们也不再视他为威胁；仁宗对他也颇为怀念，有一次得到了好茶，特意派遣内侍到杭州赐与他分享，君臣情义格外感人。

到杭州的第二年，江浙地区遭遇大灾，饥荒流行，道路尸骨枕藉。范仲淹一方面开仓发放赈灾粮，纾解燃眉之急；另一方面，范仲淹想方设法，帮助灾民度过艰难岁月。第一，当地百姓喜欢举行竞渡活动，范仲淹下令放纵百姓举办竞渡，自己也常常到湖上宴饮，参与百姓的游乐活动。从春天到夏天，这样的竞渡活动以及范仲淹的宴饮接连不断。有能力举办竞渡活动的，肯定是地方上的有钱人。每次活动自然要使用相当部分民力，许多饥民因此得到工作的机会。范仲淹的宴饮参与，就是要利用自己和官府的影响力，推波助澜，调动更多的民间资金投入进去。据记载，当时杭州居民常常"空巷出游"。第二，杭州百姓信佛，喜欢举办佛事，范仲淹也加以鼓励。做佛事，不仅会有部分慈善捐款，而且也要使用部分民工。第三，范仲淹召集各寺院主持，告诉他们说：现在饥荒岁月，工匠的工钱是最便宜的时候，你们应该趁机修建寺院。于是，各个寺院都大兴土木，"诸寺工作鼎兴"。第四，范仲淹大肆修建仓库、官吏住宅等，每天都要用民工千人以上。第五，设法让各地的粮食汇聚杭州。灾荒年月，江浙地区粮食价格疯涨，斗米需要120贯钱。范仲淹宣布将杭州斗米的价格增加到180贯，而且派人沿江张贴布告，说明杭州缺粮和现行的粮价。商人听到这个消息以后，日夜兼程，将粮食运往杭州。粮食多了以后，米价自然下跌。

后来包拯知庐州，遇灾荒年月，就学习范仲淹所为，不限制当地粮价。范仲淹以往要求寺庙"止可完旧，勿许创新"（《上执政书》），是从节约民间财力的角度出发的。灾荒年月的举措就不能相同。也就是说，范仲淹不是一味被动地开仓赈灾，而是积极地调动民间和官府的资金，创造出更多的工作机会，让绝大多数灾民都能糊口生存。并运用市场杠杆原理，让商人异常积极主动地运粮到杭州。

当时专门的监督部门官员不理解范仲淹的作为，曾经向朝廷报告：范仲淹在杭州不体贴关心灾情，放纵游乐，没有节度，到处都是或公或私的土木兴建，耗费财力。范仲淹于是向朝廷仔细汇报自己的作为及其目的，范仲淹的意图就是"皆欲以有余之财以惠贫者"。因为范仲淹的积极调动，杭州当时的商业贸易、餐饮、工匠手艺、民工劳力等等方面，一天都要多提供数万个工作机会。范仲淹认为：灾荒年月地方官府的行政职能和政绩，以此为最大。即：盘活一切多余资金，拉动内需，创造出尽可能多的工作机会。那一年，两浙地区只有杭州百姓不会流离失所，不用离家逃难；只有杭州地方安宁，没有发生骚动。今天多国经济学家和领导人应付经济危机的手段，在很多方面与范仲淹类似，足见范仲淹之卓越超前。范仲淹行政能力和才干过人之处，再次得到证明。以后，遭遇灾荒，从中央政府到地方长官，多方面都学习范仲淹的作为，许多做法也都被立为朝廷政令。次年杭州丰收，范仲淹高兴地给老朋友韩琦写信说："此中蚕麦大获，秋稼已盛，甚释忧惧。"范仲淹与杭州百姓共同度过了艰难的一年。

范仲淹留心政务的另一作为是向朝廷推荐人才。皇祐元年七月，范仲淹升任尚书礼部侍郎，有《举张升自代状》，说：张升"清介自立，精思剧论，有忧天下之心；纯诚直道，无让古人之节"。请求朝廷将张升升职，以取代自己。面对权势富贵，恬淡退让，只是为国家举荐有用之才，是范仲淹又一高风亮节的表现。据南宋人笔记记载，范仲淹在杭州举荐的官员非常多，只有巡检苏麟没有得到举荐。苏麟于是献诗给范仲淹说："近水楼台先得月，向阳花木易为春。"这两句诗写得很精彩，指诸多事物容易得地势之利，诗歌将日常生活常识提炼为哲理化的诗篇，成为流传千古的名句。苏麟果然因此得到了范仲淹的荐举。

皇祐元年（1049）十一月，范仲淹又特别向朝廷举荐民间学者李觏。范仲淹与李觏交往数十年，对李觏的学术水平十分钦佩。他特地写了推荐信，连李觏著作十卷一并送给朝廷。仁宗于是将李觏著作送给两制官员审读，大家都盛赞李觏的学问，李觏得以授试太学助教。李觏是北宋最杰出的思想家之一，最终因范仲淹的举荐进入仕途。

皇祐二年（1050年）的杭州，见证了一次历史性的会面。这年春季，王安石任鄞县县令三年期满，借离任探家之机急急赶往杭州，拜会了他朝思暮想的范知政大人，希望终身追随这位前辈。

范仲淹热诚地接待了这位青年，并敏锐地觉察到他器宇宏阔，志向远大，当然乐意收下这位弟子。这一年范仲淹已六十二岁，王安石才三十岁。这是一次历史性的师生会晤，这对志趣相投的师生老少在西子湖畔有了多日的相晤长谈。王安石如饥似渴地聆听老师的每一句教诲。范仲淹谈国家之前途，谈黎民之困苦，谈人生，谈学问。王安石惊叹范仲淹人格之完美，爱国爱民之深沉，智慧之丰富，学问之博大精深。他希望老师再任宰执，为国图强，为民谋福。范仲淹感叹自身年高体衰，来日无多，而寄希望于安石这位晚辈。范仲淹为国为民矢志图新的传薪之火，终于点亮了这位青年弟子王安石的心灵。此时离庆历新政失败已六个年头，如今师徒相传，改革火种接力有主，有力地促成了后来王安石的变法雄心，而且，王安石变法也从范仲淹之从政经验中汲取了相当多的养分。

杭州景色之美，自唐朝以来已经闻名天下。范仲淹来此地做官，同时有借杭州秀丽湖山休养身心的目的。加上前文所言为救灾的特意游玩，范仲淹便常常流连于杭州西湖山水之间，尽情欣赏当地的青山绿水，且时时形诸歌咏。白居易当年为杭州太守，有诸多咏叹杭州景色的诗篇，寄给外地朋友。范仲淹追慕前贤，这段时间寄给外地友人的诗篇，往往是赞美杭州秀美景色的。《依韵和并州郑宣徽见寄二首》说：

> 钱唐作守不为轻，况是全家住翠屏。名品久参卿士月，部封全属斗牛星。仁君未报头先白，故老相看眼倍青。最爱湖山清绝处，晚来云破雨初停。
>
> 西湖载客恣游从，湖上参差半佛宫。回顾隙驹曾不息，沉思樽酒可教空。层台累榭皆清旷，万户千门尽郁葱。向此行春无限乐，却惭何道继文翁。

全家都居住在风景如画的"翠屏"间，春日出游，湖山清绝，或品茶赏月，或泛舟西湖。湖边，佛庙参差林立；四周，树木郁葱环绕。晚来云破雨停又是一番景致，范仲淹完全陶醉其间。回顾一生从政生涯，四处奔走，时间如"隙驹"般迅捷消逝，范仲淹也由此特别珍惜眼前"樽酒"赏景的休闲时光。诗歌中处处流露出对杭州山水的由衷喜爱之情。又如《依韵答蒋密学见寄》说：

> 东南为守慰衰颜，忧事浑祛乐事还。鼓吹夜归湖上月，楼台晴望海中山。奋飞每美冥鸿远，驰骋那惭老骥闲。此日共君方偃息，是非荣辱任循环。

范仲淹自称在杭州做地方长官，忘却了以往所有的"忧事"，与日常生活相伴随的只有"乐事",这当然是文学夸张的语言。不过,这也可以从一个侧面表现出范仲淹这阶段心态。在另一首《依韵和苏州蒋密学》诗中,范仲淹也说流连杭州山水,"此乐无涯谁可共"。"鼓吹夜归湖上月,楼台晴望海中山",真是人间仙境。从诗歌描写来看,范仲淹常常是从白天一直游玩到夜里,不论晴天还是下雨。这样的从容尽情游玩,与范仲淹以往席不暇暖的官宦生涯,有了相当程度的不同。

杭州的钱塘江大潮是天下奇观,身临其境者无不被震撼。范仲淹写于杭州的优秀诗篇,就有咏钱江大潮的。《和运使舍人观潮二首》其一说:

何处潮偏盛,钱唐无与俦。谁能问天意,独此见涛头。海浦吞来尽,江城打欲浮。势雄驱岛屿,声怒战貔貅。万迭云才起,千寻练不收。长风方破浪,一气自横秋。高岸惊先裂,群源怯倒流。腾凌大鲲化,浩荡六鳌游。北客观犹惧,吴儿弄弗忧。子胥忠义者,无覆巨川舟。

钱塘江潮排山倒海而来的雄伟壮观气势,被描摹得淋漓尽致。

徙知青州，发挥余热

皇祐三年（1051）正月，朝廷再度对范仲淹委以较大的行政职责，范仲淹以户部侍郎的本官徙知青州(今属山东)，兼青、淄、潍、登、莱、沂、密、徐州及淮阳军等九州军安抚使。北宋时期青州是京东东路治所在，地处要害。范仲淹《青州谢上表》说："海岱之区，地望攸重；岳牧之任，邦选甚隆。"范仲淹数年前就准备退闲养病养老，几年的政治环境变化，想不到再次被朝廷重用。范仲淹三月到任。《青州谢上表》说：自己已经"渐兹朽衰，期以退藏"，想不到"皇帝陛下天量庇全，圣衷收采，改此巨藩之守，谨诸连帅之权"，自己只能竭尽余力以报效国家。

青州与范仲淹少年生活成长的地方淄州长山距离很近，相去不到百余里。赴任途中，范仲淹特意经过长山，看望儿时乡亲。长山父老乡亲深以为荣，组织了盛大的欢迎仪式，在城西十里处迎接范仲淹的到来。范仲淹到青州后，有寄乡人诗：

长白一寒儒，登荣三纪余。百花春满地，二麦雨随车。鼓吹前引道，烟霞指旧庐。乡人莫相羡，教子苦诗书。

范仲淹1015年登进士第，到此时正好"三纪余"。范仲淹是上巳节（农历三月三）到青州的，特意到长山时，正是春季大好时光。范仲淹所见到的是百花盛开、耕作繁忙的景象，心情很愉快轻松。乡亲们吹打着乐器引导范仲淹回乡，在春日美丽的烟霞中看到了自己少年时居住的"旧庐"。与乡亲的聊天中，范仲淹当然听到了许多景仰、崇拜、羡慕的话语，范仲淹于是告诫说：教育子女苦读诗书，就会有他日的成就，殷切之意见于言表。范仲淹以礼参拜乡亲的地点，后人命名为"礼参坡"（今山东邹平礼参镇）。

青州的前任是范仲淹的好友富弼，范仲淹写给韩琦的信中说："某上巳日方至青社，继富公之后，庶事有伦，守之弗坠。"范仲淹说，地方事务已经被富弼整顿管理得非常有条理，他只需要按照富弼的规章接着做就是了。当然，这是范仲淹的谦虚之言，事实上，范仲淹在青州为官不到一年时间，还是做了几件大事。

首先，当年河北等地遇到重大灾荒，大量灾民涌入青州境内，每天入城的灾民居然有六七千人之多，青州当地物价飞涨。范仲淹写给韩琦的信中叙述了这些情况，并提及自己正在救济灾民。他奏请朝廷，留足一年所需军粮，将其余仓库所储存的粮食都用来救济灾民。史料匮乏，没有更多详细记载范仲淹在青州救济灾民的手段。不过，范仲淹有丰富的处理灾荒事件的经验，这次也应该采取过类似的许多手段。

其次，范仲淹设法减轻青州百姓的赋税负担。朝廷规定：青州的赋税需要到博州（今山东聊城）缴纳。以往都是青州百姓自己运送粮食到博州，百姓要负担旅途的费用和损耗。范仲淹变革纳税措施，将百姓应纳的赋税折算成钱钞，在青州当地交钱。然后，范仲淹派遣官员携带钱财，到博州购买粮食，替代百姓缴纳赋税。博州粮价远远低于青州，范仲淹要求青州官员在博州以高于当地的价格收购粮食，且要求他们在博州张贴巨幅榜文，广而告之，博州百姓售粮的积极性就很高。不到五天时间，就收购了足够的粮食，青州很容易就完成了朝廷的赋税任务，而且还有数千缗钱剩余。另一方面，范仲淹告诫前去博州的官员要非常节俭，借庙宇居住就可以，不能花费公款。而后，范仲淹将节省下来的钱，重新退回给青州百姓。博州百姓增加了收入，青州百姓大大减轻了负担，一举两得。青州百姓后来因此为范仲淹塑像立祠，常年祭拜。王安石熙宁年间变法，其"均输法"之要点就是承继范仲淹在青州的作为。

此外，青州期间范仲淹依然热情地向朝廷推荐人才。到青州任后，马上有《举张讽李厚充青州职官状》递交朝廷。范仲淹说：前御史台主簿张讽，文学才能出众，品行纯正高雅，以有才而闻名。希望朝廷能够"特赐召试，授一出身，差签署青州观察判官厅公事"。又，邓州南阳主簿李厚，"素有文行，涉道且深"，"欲乞朝廷特除权青州两使推官，兼管勾安抚司机宜文字"。荐举的两位官员，一是旧日朝廷中官员，一是旧日邓州属下，可见范仲淹时时为朝廷留意人才。宋代经过科举等变革，官员选拔相对公开公正。宋代士大夫关心国事，积极为朝廷荐举人才，一时形成风气。北宋诸多大臣都有喜欢荐举人才的美名，如晏殊、范仲淹、欧阳修、苏轼等，范仲淹是其中的佼佼者。

在青州范仲淹少不了寻幽访胜。青州龙兴寺西南面的洋溪中，一日忽然有清泉涌出，成为当地一大新闻。泉水周围，古木环绕茂密，人迹罕至。此地离开青州城才数百步，就有如同深山般的景观。范仲淹就在泉水旁修筑一小亭，并刻石记其事，时而来此游玩。当地人缅怀范仲淹的恩德，后将此泉命名为"范公泉"。此后，来到青州的隐士墨客，都要到这里游玩，在这里赋诗弹琴、品茶休闲，欧阳修等人都有赋诗刻石。《渑水燕谈录》卷八记载此处景色说："日光玲珑，珍禽上下，真物外之游，似非人间世也。"这里，成为青州最有名的风景游览区。

青州城西南有石子涧，瀑布飞泻，景致壮观。范仲淹游览此地，有《石子涧二首》：

石子涧二首

（一）

凿开奇胜翠微间，车骑笙歌暮未还。
彦国才如谢安石，他时即此是东山。

(二)

飞泉落处满潭雷，一道苍然石壁开。

故老相传应可信，此山云出雨须来。

范仲淹此时的游览观光是开怀畅意的，"车骑笙歌"相从，观赏"翠微间"的"飞泉"泻落，一直到天黑也不愿离去。此地"凿开奇胜"、"苍然石壁开"的巍峨壮观，给范仲淹留下深刻印象，以至于相信了当地"故老"传说："此山云出雨须来。"

富弼字彦国，知青州时曾在石子涧旁建亭祈雨，当地人称"富公亭"。范仲淹游览此地，自然想起老友。富弼比范仲淹年轻十五岁，范仲淹当然期待富弼有东山再起的时机，富弼后来确实也数次进入二府，出任宰相、枢密使等职。范仲淹推许富弼"才如谢安石"，渴望"他时即此是东山"，同时表现出自身济世志向并没有衰歇。范仲淹一生实践了"进亦忧，退亦忧"的精神，虽然时有退闲退隐的想法，但都不是他思想的主导面。

青州城西北四公里处有尧王山，相传尧巡狩时曾登此山，山上建有尧庙。范仲淹游览此山此庙时感慨更多，作《尧庙》：

尧　庙

千古如天日，巍巍与善功。

禹终平潦水，舜亦致薰风。

江海生灵外，乾坤揖让中。

乡人不知此，箫鼓谢年丰。

尧、舜、禹都是古人崇拜的政治领袖楷模，范仲淹游尧庙的心情就比较复杂。他向往古代圣贤所建立的丰功伟业，更向往他们"乾坤揖让中"的政治品格和胸怀，婉转表达的是对现实政治倾轧的不满，对自己现实遭遇的愤懑。结尾二句写"乡人"的目光短浅，只知道将尧作为丰收保佑神祭拜，传达出范仲淹对现实社会的批判。在范仲淹的深层思考中，"庆历新政"的无疾而终，乃至后来备受攻击，不是几种简单的因素造成的，与现实社会的庸俗浅陋密切相关。这首诗表现出晚年范仲淹思想上的更加成熟。

青州万年桥北有表海楼，又称表海亭，也是当地的游览名胜之处。范仲淹时常登临此楼，有《登表海楼》诗：

登表海楼

一带林峦秀复奇，每来凭槛即开眉。
好山深会诗人意，留得夕阳无限时。

登临凭栏眺望，山峦林木奇秀，心胸为之豁然。眼前的夕阳也无限美好，似乎是"好山深会诗人意"而特意为之保留的。晚年范仲淹，被排挤出政治中心，疾病缠身，却并不衰颓。将这首诗与李商隐"夕阳无限好，只是近黄昏"比较，格调、气象不同显而易见。范仲淹依然有大好的心情，有蓬勃的朝气，毫无衰疲颓唐迹象。

范仲淹少年时代常常经过淄州石门洞，此地有一种特殊的石头叫"青金"，青黑颜色相杂，纹理细密，就像铜屑一样。范仲淹非常喜欢这种石头。范仲淹在青州的时候，特地派石匠前去开采"青金"石，制作成砚台。这种砚台发墨效果非常好，类似歙砚。在北宋时，这种砚台得到普遍使用，人称"范公台"。

推崇气节，手书《伯夷颂》

皇祐年间，范仲淹俨然成为当代知识分子的楷模，其德高望重已经获得普遍承认。范仲淹的道德情操，对当时与后代都产生深远影响。这样的影响，也可以从范仲淹手书《伯夷颂》及其传播这样一件事上得到具体体现。

皇祐三年冬，范仲淹用黄素小楷手书唐韩愈文章《伯夷颂》，寄赠京西转运使苏舜元，一时传播甚广，成为北宋文化史上的特殊事件。当时及后世观赏、题跋者甚多，其热烈程度令人叹为观止。元人董章跋曰："伯夷之行，昌黎颂之，文正书之，真三绝也。"

伯夷和叔齐义不食周粟之行为，得到后世更多的肯定和崇尚。韩愈《伯夷颂》从"士之特立独行，适于义而已"的角度出发立论，高度推崇说："伯夷者，穷天地，亘万世，而不顾者也。昭乎日月不足为明，崔乎泰山不足为高，巍乎天地不足为容也。"就事论事，韩愈推崇过高，不是平心之论，不足服人。所以，韩愈写作此文后，在范仲淹手书之前，几乎不见人们引用或评论，传播范围有限，影响甚微。

范仲淹手书此文，完全改变了《伯夷颂》的传播命运。当时便有朝廷重臣、同时是范仲淹政坛上的挚友文彦博和富弼为之题诗。文彦博有《跋文正公手书伯夷颂墨迹》诗题于卷后，云："书从北海寄西豪，开卷裁窥竦发毛。范墨韩文传不朽，首阳风节转孤高。"文彦博题记称："戊申后三十有七日，许昌郡斋中题。"可见，范仲淹手书作品是先寄到文彦博处，再转送给苏舜元的。苏舜元因此有诗回复范、文二公："法书遥逐使车还，佳句新从相府颁。牢落二贤天地外，风流三绝古今间。""二贤"既可指伯夷、叔齐，又可指范仲淹、文彦博，语意双关。富弼同时也有诗题跋："夷清韩颂古皆无，更得高平小楷书。旧相佳篇题卷后，苏家能事复何如？"文彦博于皇祐三年十月罢相，故称"旧相"。

苏舜元极度珍爱该卷作品，制作副本寄赠政坛和文坛名流，引起一阵题咏热潮。首先是与范仲淹有师友之谊的前宰相、文坛领袖晏殊题咏五言诗："首阳垂范远，吏部属辞深。染翰著嘉尚，系言光德音。褒崇亘千祀，精妙极双金。题咏益珍秘，用昭贤彦心。"范仲淹庆历新政时坚定的盟友、退休宰相杜衍则有七言诗题咏："希文健笔钞韩文，文为首阳山下人。宁止一言旌义士，欲教万古劝忠臣。颂声益与英声远，事迹还随墨迹新。当世宗工复题咏，尤宜率土尽书绅。"诸家题咏，皆围绕着伯夷气节、韩愈文章、范仲淹手书三者做文章，高度推崇该作品的道德教化作用。与范仲淹有过交往的其他题记者有前任宰相陈执中、现任宰相贾昌朝、著名书法家蔡襄等。

熙宁、元丰年间，有机会亲眼目睹该作品而题记者更多，如韩绛、程颐等。韩绛诗云："高贤忠义古今同，手笔遗篇法甚工。宝轴传家当不朽，追怀余思凛生风。"北宋观赏题记者还有黄庭坚等数十人，包括范仲淹的儿子范纯仁和范纯粹，南宋则有秦桧、贾似道。后代观赏题记者更多。

这件作品为多人收藏，流传甚远，时而出入宫禁，时而流落民间。南宋时曾被权相秦桧和贾似道收藏。秦桧题诗云："高贤邈已远，凛凛生气存。韩范不时有，此心谁与论？"后人都认为：秦桧这样的败类，没资格景仰范仲淹、韩琦等人。贾似道败亡，该卷作品没入官。宋亡，流入北方。元朝时，李戩得之于元大都，将它送还给范仲淹后裔。元末流落军中，明朝时为王世贞以重金购得，再次归还范氏后裔。乾隆六十年（1795），范家遭火灾，此卷化为灰烬，实在可惜！

范仲淹一生言行及其文章所表现出来的人格风貌，在北宋时期有其特定的价值，在思想史和文化史上都有其特殊的意义。范仲淹手书《伯夷颂》的传播，从一个侧面说明了问题。

范仲淹作为这种士风转变的标志性人物，得到时人、后人的充分肯定。朱熹极力称赞范仲淹"大厉名节，振作士气"之功绩。《伯夷颂》的传播，正是时人、后人对范仲淹言行品德景仰学习的一个结果。

终老徐州

范仲淹奔波辛劳一生，到青州时病情加重，实在无力承担繁重的政务工作。皇祐三年末，范仲淹到青州未满一年时间，就给朝廷上《陈乞颍亳一郡状》，要求朝廷将自己调到清闲的州郡养老养病。范仲淹说自己："年高气衰，日增疾恙。去冬以来，顿成羸老，精神减耗，形体羸弱，事多遗忘，力不支持。"来青州以前，身体状况已经很差，范仲淹是勉力支撑到青州任的。到任以后，只得将青州大量的政务交给通判等属僚处理。然而，"安抚一路九州军，兵马公事繁多"，还有"郡县利害，乡川寇盗"等等繁杂事务，范仲淹完全无法应付。"自臣抱病，勾管不前"，都是委托属下处理。范仲淹认为这样会耽误朝廷和地方政务，"揣己量力，实不自安"。所以，请求仁宗"于颍、亳二州"挑选一处，将自己移官到那里，"可以养疾，庶安朽质，少保残年"。颍州和亳州在宋代是闲郡，是退闲大臣养老的处所，没有行政事务负担。仁宗此时对范仲淹只有眷念之情，接到范仲淹陈乞状之后，立即同意，皇祐四年（1052）正月，范仲淹徙知颍州。

范仲淹是一位先忧后乐、鞠躬尽瘁、死而后已的爱国仁人志士，这次能提出退闲养病的要求，一定是病情到了相当严重的地步了。果然，在赴颍州任途中路经徐州时，范仲淹病情进一步恶化，只得留在徐州治病。仁宗听说此事后，也非常牵挂范仲淹，特意派遣使者到徐州送药慰问。好友韩琦听到消息后，也特别派人带信送药给范仲淹。范仲淹已经处在弥留之际，自知病重不治，于是给朝廷上《遗表》，最后一次对皇帝、对朝廷、对国家、对百姓竭尽忠诚。范仲淹说自己"灵医不效，积疴见困"，"神不在形，气将去干"，"冥冥幽壤"将是自己的最终归所。

这时候，范仲淹才为自己庆历新政的作为做公开辩护。当时因得仁宗信赖和重用，自己也期望对国家有特别的贡献。然而，"事久敝则人惮于更张，功未验则俗称于迂阔。以进贤援能为树党，以敦本抑末为近名"。此前，韩琦、欧阳修等都曾经为范仲淹辩护或申诉，范仲淹处于政治漩涡中心，始终不发一言。他目睹了新政措施一一被朝廷明令废止，目睹了同志友人一一被调离、贬谪、罢免，目睹了朝野积弊依旧且越发严重，内心有许多痛楚和愤懑。《遗表》中的这几句特别申诉，表明了范仲淹坚持一贯的政治立场。

但是，范仲淹更加关心朝廷和国家的将来，《遗表》中恳切希望仁宗"调和六气，会聚百祥，上承天心，下徇人欲。明慎刑赏，而使之必当；精审号令，而期于必行。尊崇贤良，裁抑侥幸，制治于未乱，纳民于大中"。这一切都是范仲淹毕生追求的政治目标，也是范仲淹庆历新政的核心内容，临终重提，拳拳心意，人神共泣！

皇祐四年五月二十日，范仲淹病逝于徐州，终年64岁。

全国百姓听说范仲淹去世的消息，都痛惜不已。甚至偏僻山野乡村，也多有为之哭泣哀悼者。曾经在范仲淹属下的边疆少数民族，也在佛寺为范仲淹举办三日哀悼仪式，痛哭流涕，如同父亲去世。仁宗闻讯，久久嗟叹悼念，特别派遣使者去慰问范仲淹家人。范仲淹《遗表》中没有一字一句涉及个人要求或私事，仁宗嘱咐使者询问范仲淹家人有什么需要，范仲淹子女的态度与父亲一样，私事方面无所求。朝廷特赠范仲淹兵部尚书，谥文正，停止上朝一天以表哀悼。范仲淹将自己的钱财都捐赠了慈善事业，日常生活异常节俭，下葬时居然没有新衣，由友人集资为他举办了丧礼。这一年十二月初一日，归葬于河南尹樊里万安山下的家族陵园。下葬后，仁宗亲自书写墓碑"褒贤之碑"。而后，由富弼撰写《墓志铭》,由欧阳修撰写《神道碑铭》。富弼极力称赞说:"人获一善,已谓其难;公实百之,如无有然!"作祭文的有富弼、欧阳修、王安石、司马光等,后世祭文也络绎不绝。邠州、庆州等西北边郡率先为范仲淹立祠,以后范仲淹任职过的许多州郡都修建了祠堂。徽宗宣和年间,朝廷特别下诏令,要求建有范仲淹祠所在地的监司、郡守、学官每年要按时祭祀范仲淹。钦宗时追封范仲淹为楚国公,后再追封魏国公。历代各地官府,多次重修所在地的范文正公祠堂,表达了后人对范仲淹永远的景仰和怀念。

一生节俭，严于治家

范仲淹一生为人性情刚直，凛然正气，乍看非常严肃认真，外表给人强势之感，但实质却是一名内心热情、极具人情味的人。他一生遵行"修身、齐家、治国、平天下"理念，虽然政坛几度风雨几度春秋，但其谦和向善、勤廉乐施的为人原则始终伴随他的一生。在母亲还在世的时候，由于收入不高，生活相当节俭。后来虽然身居高位，俸禄丰厚，但他依然保持一贯的俭朴生活。有人形容他一生当中从没有体验过像他那样高官应得到的享受和待遇，足见其清廉。我们从影视媒体中经常看到，在古代，达官显贵位居高职之流，他们的生活是何等安逸享乐，范仲淹从其官职上应该算是此类，但从史书上却查不到任何他及家人子女挥霍浪费、贪图享乐之据，所记载的全是其节俭质朴、乐善好施、以德报恩的文献资料。

让我们看看他节俭向善、以德报恩的一些事。

范仲淹治国有方，治家亦有道。他不仅言传身教，也时刻提醒自己的子女，更要勤俭持家，乐善好施，清贫一生，这也是他一生坚持的为人操守。他时常将自己的勤俭经历讲给自己的孩子，讲他少年醴泉寺求学划粥断齑的经历，讲他在南京应天府书院就读期间拒绝同学送饭菜的故事，以及后来即使"居庙堂之高"之际，都保持着艰苦朴素的生活作风，讲自己的母亲如何节俭持家，供养自己求学苦读，自己又是如何和母亲相依为命，渡过难关的经历，教育子女从小养成勤俭自强的性格。

史书记载，家里除非有宾客来访，否则吃饭不以肉食为主菜，他自己和妻儿的衣食仅能维持温饱。应该说他的家风就是这样并且一直影响传承到后代子女。范仲淹训子节俭办婚事的故事，已经传为佳话。

据说范仲淹的次子范纯仁准备结婚，他觉得结婚是人生大事，父亲又官居要职，于是就想要把婚事办得体面一些。正好他的大哥纯佑要进京办事，他便列了一张长长的购物清单，让长兄在京城帮助采购。纯佑将弟弟托他购物之事禀告了父亲，本来他以为父亲看到这张单子，会认为弟弟已经能够自己谋划自己的生活，父亲会很开心很快乐，没想到范仲淹看了购物清单后大为不悦，叹道："我家历来清廉俭朴，岂能纵容后代如此奢侈！"于是提笔在购物清单上写道："一人站着一人卧，两个小人地上坐；家中还有两口人，退回娇儿细琢磨。"原来，范仲淹的四句话是个字谜，谜底是个"俭"字（原繁体字"儉"）。结果纯佑只好将单子退给弟弟。

范纯仁接过清单仔细琢磨，他深知父亲的意思，顿觉羞愧不已，于是改变了原来的主意，后来家里还是非常节俭地操办了纯仁的婚事。纯仁未过门的妻子王氏从家里带来罗绮做床帐，范仲淹看到后非常气愤：做帐子怎能用这么贵重的材料？我家一向清俭，决不能任其败坏家风。如果她敢带这样东西过门，我就当众把它烧掉！无奈王氏只得悄悄撤下不再使用。在范仲淹身体力行的影响下，范仲淹的儿子们个个都有父亲的风范，次子范纯仁最为出色。

范纯仁一生廉俭，自布衣至宰相，始终如一，所得俸给，都用以扩展范氏义庄。《宋史本传》说他常训勉亲人子弟说："惟俭可以助廉，惟恕可以成德。"可见范纯仁也跟范仲淹一样，是一位品德崇高，律己甚严的人。

范仲淹一生乐善好施，他的薪俸大部分都用于接济有困难的人，而对自己及家人花费甚少。世称"泰山先生"的学者孙复就是在范仲淹的资助下发奋苦读，终成一代名家。

皇祐元年（1049年），范仲淹被贬到浙江任职，期间一名小吏孙居中死在任上。孙居中家贫子幼，其家属经济拮据。知道此情后范仲淹便赠钱数百缗（缗，成串的钱，一千文为一缗），雇了一条船，把孙居中的灵柩和一家老小送归家乡。他还不放心，专门派一位老衙役护送。为避免途中关卡阻拦，范仲淹交给老衙役一首诗，并嘱咐道：如果过关过卡有阻，把这个拿出来就行了。诗云："十口相携泛巨川，来时暖热去凄然。关津若要知名姓，此是孤儿寡妇船。"可见范仲淹何等爱心，何等心细。

范仲淹为参知政事时，曾命次子范纯仁将俸禄五百斛麦子，用船运送回苏州老家。船过丹阳，纯仁上岸拜见父亲的老友石延年，得知石家父母亡故，无钱办理丧事，已经困居丹阳二月余。范纯仁一看这个情况，马上就把五百斛的麦子都卖掉，把卖麦子所得的钱都给了石延年。石延年收了钱后，仍然面露难色地说："您的好意我领了，但这些钱还不能解决全部问题啊！"范纯仁索性就把他坐的那条船也卖掉，把卖船所得的钱又悉数给了石延年。范纯仁回京后把整个过程向范仲淹汇报，当说到五百斛的麦子都卖掉钱还是不够时，范仲淹急着问："为什么不把船也卖掉？"纯仁赶忙回复父亲船也被卖掉了，所得钱款全都给石延年了。范仲淹听了之后很高兴，连连称赞儿子做得对。清朝乾隆帝南巡，三次到过天平山范仲淹故居，并敕建"高义园"褒扬此事。

设立义庄，惠及后人

范仲淹不仅在军政方面都做出过杰出贡献，而且，他还是一位热心公益事业的慈善家。义庄的开创者是范仲淹。义庄是古代的一项慈善举措，指捐赠者购买相当数量的田地，所收取的田租用于慈善事业。义庄往往在家族内部创设，在家族范围内进行慈善救助。

在杭州做官期间，范仲淹一直想为故乡的范氏宗亲做点事，过去远离故乡，政务又繁忙，经济条件也不允许，这桩心愿一直没有能够成行。现在自己已经年迈体衰，家族内部条件还允许自己干些义事，到考虑了却多年心愿的时候了。于是他抽空回到故乡苏州，看望了族中贫苦的亲戚，了解他们的生活情况，准备倾其一生的全部积蓄，在故乡办一个义庄，以完成夙愿。范仲淹就把他的想法和他的兄长范仲温商量，并将此事委托给范仲温办理。他在苏州购买好田一千亩作为"义田"，并在灵芝芳祖宅附近修建了一组房屋为"义宅"，亲自为其命名为"岁寒堂"、"松风阁"，于是历史上第一个多功能的私人慈善机构就在范仲淹的积极倡导和实施下兴办起来，史称范氏义庄。

范氏义庄的规划包含"义田""义宅""义学"三部分。义庄所筹之物主要以义田所出的米粮作为救济物资的主要来源，包括食物粮食、衣帛布匹、钱款财物等。义庄的宗旨是乡里邻居、外姓姻亲、本家亲戚，如果因遭遇疾病、灾祸，或者遇到天灾之年等令生计陷入困顿，没有饭吃，没有住房，求学困难等情况，经族中议事机构共同调查核实之后，就可以根据实际情况得到救助。实际上，范氏义庄的济贫扶困的范围已远远超出范氏宗族。范仲淹去世后，他的子孙后代继承了他的意愿，一直按照他当年的规划在做扶贫济困的工作。岁月轮回，朝野换代，范氏义庄却代代相续没有间断。范仲淹活了64岁，范氏义庄却办了900年。

范仲淹的母亲安葬在洛阳，范仲淹及其四位儿子最后也安葬在洛阳。但我们要知道，范仲淹还没有显达的时候，苏州宗族对范仲淹并不善良，因害怕范仲淹分家产而阻挠他归宗。范仲淹以德报怨，晚年对苏州宗族竟然有如此大笔的慈善捐献。范仲淹《告诸子书》说："吾吴中宗族甚众，于吾固有亲疏，然吾祖宗视之，则均是子孙，固无亲疏也。苟祖宗之意无亲疏，则饥寒者吾安得不恤也？自祖宗来，积德百余年，而始发于吾，得至大官。若独享富贵而不恤宗族，异日何以见祖宗于地下，今何颜人家庙乎？"胸襟博大，卓然于众人之上。范仲淹皇祐二年十月订立的义庄规矩如下：

> 逐房计口给米，每口一升，并支白米。如支糙米，即临时加折。
>
> 男女五岁以上入数。
>
> 女使有儿女在家及十五年、年五十以上，听给米。
>
> 冬衣每口一匹，十岁以下、五岁以上各半匹。
>
> 每房许给奴婢米一口，即不支衣。
>
> 有吉凶增减口数，画时上簿。
>
> 逐房各置请米历子一道，每月末于掌管人处批请，不得预先隔跨月分支请。掌管人亦置簿拘辖，簿头录诸房口数为额。掌管人自行破用或探支与人，许诸房觉察，勒赔填。
>
> 嫁女支钱三十贯，再嫁二十贯。一、娶妇支钱二十贯，再娶不支。一、子弟出官人，每还家待阙、守选、丁忧，或任川、广、福建官留家乡里者，并依诸房例给米、绢并吉凶钱数。虽

近官，实有故留家者，亦依此例支给。

诸房丧葬：尊长有丧，先支一十贯，至葬事又支一十五贯；次长五贯，葬事支十贯；卑幼十九岁以下丧葬通支七贯，十五岁以下支三贯，十岁以下支二贯，七岁以下及婢仆皆不支。

乡里、外姻亲戚，如贫窘中非次急难。或遇年饥不能度日。诸房同共相度诣实，即于义田米内量行济助。

所管逐年米斛，自皇祐二年十月支给逐月糇粮并冬衣绢。约自皇祐三年以后，每一年丰熟，椿留二年之粮。若遇凶荒，除给糇粮外，一切不支。或二年粮外有馀，却先支丧葬，次及嫁娶。如更有馀，方支冬衣。或所余不多，即凶吉等事众议分数均匀支给。或又不给，即先凶后吉；或凶事同时，即先尊口后卑口；如尊卑又同。即以所亡所葬先后支给。如支上件糇粮吉凶事外。更有馀羡数目，不得粜货，椿充三年以上粮储。或虑陈损，即至秋成日方得粜货，回换新米储管。

义庄规矩制定比较详尽，从米、绢、钱发放的对象、数量、方式、管理、监督等事项，都有具体可操作的规定，可见范仲淹于设立义庄、资助族人一事已经深思熟虑。既然是在皇祐二年十月义庄开始发放粮食、钱财，义庄的购置就应该是在更早的时候。这么多田产也应该是一个陆续购置的过程。

据范仲淹儿子范纯仁治平元年（1064）给朝廷上的奏章中提及，义庄购置设立已经有"五、七年"时间。据此推算，范仲淹是庆历末年在邓州期间开始购置义庄田产的。

皇祐二年十月，义庄已经有相当规模和产出，范仲淹亲回苏州，与其退休闲居苏州的二兄范仲温商议，订立规矩并安排义庄各项事宜。规矩中有几方面值得注意：义庄主要是周济宗族的，顾及乡亲和姻亲；宗族发放对象不论贫富；粮食、布匹、奴婢口粮、红白喜事、其他急难事宜，周济范围非常宽泛；周济对象特别照顾无经济收入的妇女，

— 177 —

对再婚妇女并无歧视；义庄制定了相关的管理、监督规矩。

更加难能可贵的是，范仲淹的几位儿子都能遵从父训，承继乃父志愿，光大乃父事业。在义庄慈善事业方面，他们也是不断地投入钱财和精力，不断完善义庄规矩。范仲淹长子范纯祐去世较早，没有参与义庄扩张、完善事务，其余三子范纯仁、范纯礼、范纯粹都积极参与义庄事务。尤其是次子范纯仁，曾两度出任宰相，在政坛上有显赫政绩。《宋史》本传记载：范纯仁"自为布衣至宰相，廉俭如一，所得奉赐，皆以广义庄"。范纯仁官职超过父亲，所得俸禄也应该更多，对义庄的投入同样更多。在范仲淹诸子中，范纯仁用于义庄的精力和钱财是最多的，对义庄规矩的完善也贡献最大。

英宗治平元年（1064），范纯仁特意为义庄事务给朝廷上奏章，说：义庄虽然订立了规矩，"今诸房子弟有不遵规矩之人，州县既无条敕，本家难为申理，五、七年间，渐至废坏，遂使饥寒无依。伏望朝廷特降指挥下苏州，应系诸房子弟有违犯规矩之人，许令官司受理"。朝廷同意范纯仁的请求，特地为此下达旨令。这当然也是英宗皇帝和宰辅大臣崇敬、钦佩范仲淹作为的一个结果。范纯仁这次特意将父亲所定的义庄规矩刻石，立于天平山白云寺范仲淹祠堂之侧，要求"子子孙孙遵承勿替"。

此外，范仲淹还在他的第二故乡淄州长山购置义田四百余亩，以报答朱氏家族的养育之恩。

而后，范氏后裔多有热心义庄事务、事业的人。南宋宁宗庆元、嘉定年间，范仲淹五世后裔范之柔与兄弟范良器等重新整顿义庄，极力经营，恢复了义庄原来的规模。范之柔且将过程与规矩禀明朝廷，皇帝再次为此下旨颁布施行。范氏后裔对义庄也多有捐献，如明末范允临捐助田地一百亩，清初范瑶捐助田地一千亩等。历代当地官府也多有积极参与义庄之重整者，监督义庄规矩的贯彻实施。历代朝廷也都特别下诏，免除范氏义庄所应承担的差役和部分赋税。这一切都是范仲淹巨大的人格、道德魅力感染所致。一直到清末宣统年间，义庄仍然有田产5300亩,运作良好。

范仲淹不仅开创了义庄慈善事业.其所开创的义庄生命力之强,前后运作九百年,"前无古人,后无来者",亦是中华民族慈善事业的一大奇观。

从范仲淹以后,许多朝廷高宫达贵效仿学习,在家乡设立义庄。如神宗时副宰相吴奎、徽宗时宰相何执中,等等。不过,以后的义庄大致是针对宗族中的贫困者,而不是贫富不拘。

宋代达官俸禄丰厚,生活奢侈成风。欧阳修《归田录》记载:"寇准尝知邓州,而自少年富贵,不点油灯,尤好夜宴剧饮,虽寝室亦燃烛达旦。每罢官去后,人至官舍,见厕溷间烛泪在地,往往成堆。"叶梦得《避暑录话》记载:"晏殊未尝一日不宴饮,盘馔皆不预办,客至旋营之。苏丞相颂曾在公幕,见每有佳客必留,但人设一空案一杯。既命酒,果实蔬茹渐至,亦必以歌乐相佐,谈笑杂至。数行之后,案上已粲然矣。稍阑即罢,遣声伎曰:'汝曹呈艺已毕,吾亦欲呈艺。'乃具笔札,相与赋诗,率以为常。"寇准、晏殊在当时还有"简约"的名声,尚且如此奢侈,其他达官权贵生活可想而知。

与他们相比,范仲淹的生活才是真正的清简俭节。据说,范仲淹晚年有一习惯:入睡前在心里合计家中一日的饮食等费用,家庭费用与所做的事情相称,才能安心入眠。奉己甚严,如此,可以理解范仲淹大量购置义庄的钱财从何而来。由此,范仲淹开启了宋代慈善事业的一个新时代。

自春秋战国之后,还没有哪一个英雄豪杰所开创的事业,能够连续超过300年而不间断。英雄豪杰与圣贤之间的根本区别在于,英雄豪杰以武力服人,而圣贤以德服人。纵观人类历史,只有圣贤的事业才是真正的千秋大业。

范仲淹一生两袖清风,对他人恩德有加,对自己却是"吝啬至极"。范仲淹在徐州病逝之时,连一件入殓时穿的新衣服都没有,在友人的帮助下才得以安葬。他生前没有购置私宅,亲人弟子都劝过他,让他置办一些房屋家产，但他没有同意。以至于去世后家人没有地方住，官府在韩城借房屋给他们居住。范仲淹临终前亦留下遗书，不许家人因私事占半点国家的便宜。他为政以忠厚为本，爱护治下的百姓，他所任职的地方，百姓们都能得到他的恩惠。邠州、庆州两地的百姓，包括归附的羌人，因感戴他的恩德，纷纷给他画像立生祠，以此来纪念他。闻听范仲淹病逝的消息时，羌人首领带数百人到供有范仲淹画像的祠堂中哀悼，痛哭流涕，悲痛欲绝，犹如自己的父亲去世，斋戒了三天才散去。

范仲淹一生几经沉浮，是亲朋好友、志士仁人的鼎力帮助、互相鼓励才使得他坚定信念，终成大业。所以他始终坚持以德报恩的思想，用业绩回报圣上，用真情对待朋友，用亲情对待家人。早年他在朱家长大，是义父养育了他，所以范仲淹做官以后，始终不忘义父之情，多次亲自看望或者捎钱捎物给义父，对朱家兄弟及孩子亦非常关照，视若自己子女一样，其情意甚至超越对自己子女的关爱，帮助他们解决求学、照顾生活、改善居住条件等，对朱家人的关照真是悉数备至。这种知恩报德、滴水之恩当涌泉相报的行为，真切体现了范仲淹以德报恩的思想。在宋氏朝廷恩怨相报、自私冷漠的年代，这种以德报恩的精神不正是中华文明的继承与弘扬吗！

诗文革新的先驱

范仲淹不仅是北宋年间的杰出的政治家、思想家和军事家，同时他也是中国历史上非常著名的文学家。我们前面更多的讲述了范仲淹的政事和家事，其实他在文学方面的建树丝毫不逊色于政治生涯。范仲淹一生遍及祖国南北，阅历丰富，为其创作提供了翔实的素材与灵感。他在诗、词、文、赋各方面都堪称宋代文豪巨匠。

明代周孔教为万历本《范文正公集》作序，推崇范仲淹"为一代斯文之主盟"，足见其文学成就之伟大。由于范仲淹的政治地位和他的道德威望，所以他的作品更有机会流传于世，被后人广为传颂。据资料统计，范仲淹共存有诗歌三百余首、文赋三百余篇，词作五首。我们选几首代表作品分享一下。

诗言志。范仲淹的诗歌大多反映不同时期他从政的生活感悟，展现他的政治理想、政治抱负，但从中我们很容易感悟到他的审美情趣和博大胸襟。例如：

郡斋即事

三出专城鬓似丝，斋中萧洒胜禅师。
近疏歌酒缘多病，不负云山赖有诗。
半雨黄花秋赏健，一江明月夜归迟。
世间荣辱何须道，塞上衰翁也自知。

这是范仲淹被贬饶州之时写的一首诗。他将览物之情和自己官宦之旅都寄于诗中，自己三进三出京师，精神备受折磨，但君子气节不变，平和应对，毕生忠君报国，荣辱挫折更奈我何！

更有脍炙人口的《江上渔者》：

江上渔者

江上往来人，但爱鲈鱼美。

君看一叶舟，出没风波里。

含蓄优雅的四句诗，观察细致，笔触精炼，展现了一幅渔民劳作的生动场景，表现了作者尊重劳动人民，关注民生，先忧后乐的博大胸怀。

宋词在中国古代文学史上占有重要地位。范仲淹一生仅存词作五首，例如那首描述西北边关军民生活和作者心境的《渔家傲》，凄凉悲切，又不失大气，体现作者忧国忧民，反对入侵，渴望胜利的决心和意愿。

御街行

纷纷堕叶飘香砌。夜寂静、寒声碎。真珠帘卷玉楼空，天淡银河垂地。年年今夜，月华如练，长是人千里。

愁肠已断无由醉。酒未到、先成泪。残灯明灭枕头欹。谙尽孤眠滋味。都来此事，眉间心上，无计相回避。

这是一首秋夜怀思情人的词，借乡思，展情愫。上片写秋夜景，下片写离情，情景交融。这首词虽写似水柔情，却劲道有力，绝不流于媚俗。千里、明月，体现了宏大的时空距离，暗示了作者宏大的胸襟。优美伤感的词句配上江南小调，别样滋味在心头。

范仲淹文赋作品众多，恐三百不止。多为政论、奏疏、书信、墓志等。主要表明他本人的政治信仰和政治决心，不乏《奏上时务书》、《种君墓志铭》等长篇大作；亦有真挚情感交流的兄弟、有友人之间的书信往来。《岳阳楼记》堪称其代表作。

  文章是思想的载体，是艺术的表现。范仲淹融记事、写景、抒情和议论于一篇文章中，记事简明，写景铺张，抒情真切，议论精辟。它以传统的文字，表达一种跨越时空的思想，上下千年，唯此一文。它所体现出来的语言美、图画美、结构美，汇成了一幅美丽的画卷，读后使人如饮甘醇，回味无穷。岳阳楼也因这篇绝妙之赋，而成为人们向往的一个胜地；《岳阳楼记》也像洞庭的山水那样，永远给人以美好的记忆。

附录

范仲淹年谱

宋太宗端拱二年（989），1岁
八月丁丑（二十九日，公历10月1日），范仲淹生于成德军（治今河北省正定县）节度掌书记官舍（旧多据楼钥《范文正公年谱》一位生于武宁军，但另据方健先生考证以及范仲淹自述，范仲淹生于河北。）

淳化元年（990），2岁
父墉病卒于徐州，随母葬父于苏州天平山。

淳化二年（991），3岁
随母居苏州天平山。

淳化三年（992），4岁
约在此后二三年，母谢氏改适时在苏州为官的朱文翰。仲淹遂改姓朱名说，至22岁。朱文翰先后在苏州、安乡、青阳、淄州等地为官，仲淹随母侍行，并在各地就学受教。安乡兴国观司马道士是其蒙师之一。安乡读书台、青阳读山、博山秋口、长白山醴泉寺俱传为范仲淹读书之地。

景德元年（1004），16岁
朱文翰任淄州长史，后终官长山县令。仲淹侍父游学于淄州颜神镇（今山东省淄博市博山区）秋口。立志"不为良相，便为良医"。

是年，宋辽议和，定澶渊之盟。

景德二年（1005），17岁

游学于秋口、长山。

大中祥符元年（1008），20岁

出游鄠（治今陕西省西安市鄠邑区）郊，与王镐（？—1027）、道士周德宝、屈应元等啸傲于鄠、杜之间，一起登临终南山，抚琴论《易》。

大中祥符二年（1009），21岁

读书长白山醴泉寺，有"划粥断齑"典故，曾作《齑赋》。

大中祥符三年（1010），22岁

读书醴泉寺。有"窖金赠僧"传说。

大中祥符四年（1011），23岁

询知世家，感泣辞母往应天府书院求学。

大中祥符八年（1015），27岁

登蔡齐（988—1039）榜，中乙科第九十七名，任广德军司理参军。

大中祥符九年（1016），28岁

在广德司理参军任上，司理刑狱，迎母侍养。

天禧元年（1017），29岁

擢文林郎、权集庆军节度推官（集庆军，即亳州，又称谯郡）。贫止一马，鬻马徒步之任。上《奏请归宗复姓表》，始复范姓。

天禧三年（1019），31岁

加秘书省校书郎，仍从事于谯郡。与诗人石曼卿（994—1041）交际于太清宫。

天禧四年（1020），32岁

仍在亳州任幕职官。

天禧五年（1021），33岁

调监泰州西溪盐仓，系衔仍旧。是年，张士逊为枢密副使，丁谓加司空，冯拯拜左仆射，曹利用拜右仆射。

天圣二年（1024），36岁

迁大理寺丞，仍在西溪盐仓任。娶应天府李昌言女李氏为妻。生长子纯佑（1024—1063）。

天圣三年（1025），37岁

秋，因发运副使张纶（962—1036）荐，知兴化县事。滕子京协助其筑捍海堰，虽因暴风雪而停建，但其首倡之功甚伟。

天圣五年（1027），39岁

守母丧于南京应天府，晏殊出守应天府，邀仲淹掌应天府书院，同时执教者还有王洙（997—1057）、韦不伐（978—1051）等人。范仲淹上宰执万言书，深受时相王曾赏识。孙复（992—1057）来谒，授以《春秋》，资助孙就读于应天书院。六月，次子纯仁（1027—1101）生。

天圣六年（1028），40岁

掌应天府书院教习。七月，捍海堰历时近二年修成。因范仲淹首倡之功，后人誉为"范公堤"。十二月，范仲淹守丧期满，经晏殊推荐，召为秘阁校理，跻身馆职。

天圣七年（1029），41岁

供职秘阁。十一月冬至，上书谏仁宗率百官行拜贺太后寿仪，后又疏请太后还政，疏入不报，遂自请补外，出为河中府通判。

是年二月，张士逊罢相，以吕夷简为同中书门下平章事、集贤殿大学士。夏竦先为参知政事，后为枢密副使。

天圣九年（1031），43岁

三月，迁太常博士，移陈州通判。上书乞将磨勘恩泽迫赠父母。三子纯礼（1031—1106）生。

明道元年（1032），44岁

仍在陈州通判任上。二月，仁宗生母李辰妃卒。仲淹屡上奏疏，劝以唐中宗朝上官婕妤、贺娄氏卖墨敕斜封官事为鉴。

吕夷简上《三朝宝训》。以张士逊为同中书门下平章事、集贤殿大学士。八月，晏殊为枢密副使，后为参知政事。杨崇勋为枢密副使，后为枢密使。十月，夏王李德明去世，子元昊（1003—1048）继位，宋封其为定难军节度使、西平王。

明道二年（1033），45 岁

三月，刘太后薨，仁宗亲政。四月，仲淹被召回京任右司谏。力谏废郭后，被贬外放，出守睦州。

景祐元年（1034），46 岁

四月至睦州任所。凭吊严子陵钓台，重修严子陵祠堂，建龙山书院。六月，移守乡郡姑苏，与叶参（964—1043，叶清臣父）交政后，立即投入救灾，有苏州治水之载。

景祐二年（1035），47 岁

仍在知苏州任上。

时郭皇后暴卒，舆论疑内侍阎文应下毒，仲淹奏劾之，阎被贬岭南，死途中。十二月，除权知开封府

景祐三年（1036），48 岁

在开封府任所。正月，上太宗尹京时所判案牍。五月，上疏论营建西都洛阳事，吕夷简讥为迂阔近名。上百官图，指斥宰相用人失当，又上四论，吕夷简反诉仲淹"越职言事，荐引朋党，离间君臣"，贬知饶州（今江西省鄱阳县），余靖（1001—1047）、尹洙（1000—1064）论救，欧阳修切责高若讷（997—1055），相继贬外，士论荣之；蔡襄（1012—1067）作《四贤一不肖》诗，朝野传诵。史称景祐党争。

景祐四年（1037），49 岁

仍在饶州任上。妻李夫人病卒。诏移仲淹知润州（治今江苏省镇江市）。

宝元元年（1038），50 岁

正月，赴润州。道经江西彭泽，谒狄仁杰祠，重撰狄梁公碑。十一月，知越州（治今浙江省绍兴市），次年于途中访友人邵餗，在杭州拜访仕故人胡则。

康定元年（1040），52 岁

正月，仍在越州任上。三月，复天章阁待制，知永兴军。五月，任

陕西经略安抚副使、同管勾都部署司事。

庆历元年（1041），53岁

以龙图阁直学士、户部员外郎，出知庆州，后官复户部郎中，又兼任环庆路经略安抚使。是年发生好水川之战，宋军惨败。

庆历三年（1043），55岁

八月，就任参知政事，富弼为枢密副使，韩琦代范仲淹宣抚陕西。九月，仁宗开天章阁，诏命条对时政，范上十事疏。吕夷简以太尉致仕。

庆历四年（1044年），56岁

九月，吕夷简卒，晏殊罢，杜衍为同中书门下平章事兼枢密使、集贤殿大学士，贾昌朝为枢密使，陈执中为参知政事。范仲淹檄正患病的种世衡与原州知州蒋偕合兵抢修细腰城，断明珠、灭臧交通西夏之路。

十一月，王拱辰（1012—085）等兴"奏邸之狱"，范仲淹等所荐新进名士皆贬逐殆尽。范请罢参知政事，乞知邠州。

庆历五年（1045），57岁

正月，范仲淹罢参知政事，以资政殿学士出知邠州，兼陕西四路缘边安抚使；富弼罢枢密副使，知郓州、兼京东西路按抚使；杜衍罢相，出知兖州。八月，欧阳修为范、富、杜、韩四人辩解，被贬知滁州。

庆历六年（1046），58岁

正月，至邓州任所。范雍病逝洛阳，范仲淹撰墓志。七月，继室曹氏（另据考证为张氏）生四子纯粹（1046—1117）。九月十五日，应挚友滕子京之邀，在花洲书院写下千古名篇《岳阳楼记》。

庆历七年（1047），59岁

仍知邓州。四月，尹洙卒于均州，仲淹营护其丧事。

皇祐元年（1049），61岁

正月，移知杭州，过陈州，拜会晏殊；三月，次子纯仁进士及第。赴杭过苏时，与兄仲温议定在苏州创办义庄。是年，王安石来访。

皇祐二年（1050），62岁

仍知杭州任上。十月，为苏州义庄订立规约。迁户部侍郎。十一月，移知青州。

皇祐三年（1051），63岁

春，赴任青州，过长山，礼参故乡父老。三月，至青州任所，与前任富弼交政。时青州大饥，到任即赈济救灾。

皇祐四年（1052），64岁

正月，扶病就道，移知颍州。行至徐州，已沉疴不起，仁宗遣使赐药存问，于五月二十日卒于徐州。死前上《遗表》，一言未及家事。卒，赠吏部尚书，谥文正。十二月壬申，葬于西京洛阳伊川万安山下，仁宗亲撰其碑额"褒贤之碑"。富弼撰墓志，欧阳修撰神道碑，名公显宦以祭义等方式表示对范仲淹的哀悼和崇敬之情。宣和五年（1123），应宇文虚中之请，赐庆州文正祠庙额为"忠烈"，过化之邦立祠庙祭祀者共十八处。靖康元年（1126）二月，追封为魏国公。

图书在版编目（CIP）数据

范仲淹传 / 崔旭编著. —北京：中国书籍出版社，2018.3
ISBN 978-7-5068-6658-3

Ⅰ.①范… Ⅱ.①崔… Ⅲ.①范仲淹（989～1052）—传记
Ⅳ.①K827=441

中国版本图书馆CIP数据核字（2018）第016504号

范仲淹传

崔 旭 编著

策　　划	王志刚
责任编辑	王志刚
责任印制	孙马飞　马　芝
版式设计	展　华
出版发行	中国书籍出版社
地　　址	北京市丰台区三路居路97号（邮编：100073）
电　　话	（010）52257143（总编室）（010）52257140（发行部）
电子邮箱	chinabp@vip.sina.com
经　　销	全国新华书店
印　　刷	北京温林源印刷有限公司
开　　本	710毫米×1000毫米　1/16
字　　数	200千字
印　　张	12.5
版　　次	2018年3月第1版　2018年3月第1次印刷
书　　号	ISBN 978-7-5068-6658-3
定　　价	32.00元

版权所有　翻印必究